中等职业院校立德树人系列教材

创新创业素养

主　编　魏定俊

副主编　宋　丽　韩国桥

北　京

冶 金 工 业 出 版 社

2022

内 容 提 要

本书共分 8 章，针对中职生的需要，系统介绍了有关创新与创业的知识，内容包括认识创新与创业、创新创业者的素质与能力、中职生创新创业意识、创业准备、创业团队、创业计划书等。书中除了系统阐述必要的理论知识外，还融入了很多案例、名人名言和心灵启迪，十分生动。另外，各章后都有相关习题，可以帮助学生巩固和掌握相关知识。

本书可以作为中等职业院校创新创业教育的教材，也可供广大青少年阅读。

图书在版编目(CIP)数据

创新创业素养／魏定俊主编．—北京：冶金工业出版社，2017.10（2022.2 重印）

中等职业院校立德树人系列教材

ISBN 978-7-5024-7640-3

Ⅰ.①创…　Ⅱ.①魏…　Ⅲ.①创业—中等专业学校—教材　Ⅳ.①G717.38

中国版本图书馆 CIP 数据核字(2017)第 245190 号

创新创业素养

出版发行	冶金工业出版社	**电　话**	(010)64027926
地　址	北京市东城区嵩祝院北巷 39 号	**邮　编**	100009
网　址	www.mip1953.com	**电子信箱**	service@mip1953.com

责任编辑　戈　兰　郭冬艳　美术编辑　吕欣童　版式设计　孙跃红

责任校对　王永欣　责任印制　李玉山

三河市双峰印刷装订有限公司印刷

2017 年 10 月第 1 版，2022 年 2 月第 2 次印刷

710mm×1000mm　1/16；9 印张；174 千字；134 页

定价 25.00 元

投稿电话　(010)64027932　投稿信箱　tougao@cnmip.com.cn

营销中心电话　(010)64044283

冶金工业出版社天猫旗舰店　yjgycbs.tmall.com

（本书如有印装质量问题，本社营销中心负责退换）

前　言

“十三五”时期，是我们国家全面建成小康社会的决定性阶段，国家的经济进入中高速发展阶段，既面临着重大战略机遇，也面临着诸多困难和挑战。对于中职院校而言，为了满足社会经济发展的需求，人才的培养目标也发生了变化。当前，加强对中职学生创新创业能力的培养，既是学校教育教学改革的重要内容和人才培养方向，也是现代职业教育发展的客观要求。

创新创业教育既是一种“就业”教育，也是一种“发展”教育，与中职生职业规划、自身发展、自我价值的实现都息息相关。21世纪是知识经济的时代，创新意识和创业能力是人才在竞争中脱颖而出的先决条件，所以中职生除了要有必要的基础知识、专业知识、专业技能外，还要有一定的创新创业知识。相应的，对于中职院校而言，非常有必要在对学生进行就业培训的同时，开展一定的创新创业教育，这具有重要意义：

（1）可以帮助学生树立创新创业意识，丰富相关知识，提高相关能力，并在此过程中，使学生的就业观念得到改变，拓宽就业思路，激发学生创业的兴趣和热情，挖掘其发展潜能，引导具备条件的学生从被动就业向自主创业转变，从而在整体上使中职生的就业压力得到缓解。

（2）通过开展符合中职生特点的创新创业教育，培养学生创新创业的基本素质，以适应社会经济发展对创新型人才的需求。

（3）可以使学校教育适应经济社会发展需要及现代职业教育的发展趋势。产业的升级和经济结构的调整，势必导致市场中劳动力的转移和职业岗位的变化。中职院校需要及时顺应这一趋势，改革人才培养模式及课程设置，更新教学内容与教学方法等，从而充分挖掘学生的发展潜能，实现创业与就业的有机结合。

本书由魏定俊担任主编，宋丽、韩国桥担任副主编。弭慧玲、翟紫昱、宋扬、张本蒙参加编写。

鉴于编者经验和水平有限，书中不足之处，欢迎读者批评指正。

编　者

2017 年 7 月

目 录

1 走进创新世界

同学们，从进入中职校园的那一刻起，你的生活就进入了新的一页。每位同学都想创新，做到独一无二，与众不同。可是，你真的了解创新吗？

说到创新，同学们肯定会有以下问题：

——什么是创新？

——创新有什么好处？

——创新的目的是什么？

——我不创新，让别人创新，行不行？

——创新难吗？有多难？难在哪里？

——创新容易吗？如果容易，为什么我身边创新成功的例子很少？

——学历和创新有哪些关联？

——创新需要高智商、高学历、高科技吗？

——高学历就一定会创新吗？

——创新是靠发散思维和勤奋吗？

以上种种问题是源于大家对创新的理解不够透彻，不够清晰。现在就让我们一起走进创新的世界，了解创新的内涵吧。

1.1 突破创新禁区

现代社会，愿意认真思考的人不多。思维的惰性促使人们多是习惯于简单的模仿，别人怎么做，我就怎么做，没有压力，心理上感觉很安全。而这种对社会贡献价值较小的、机械式的、形式上的模仿，最多是别人吃肉，你喝汤。

常有人感叹机会越来越少。事实上，社会的发展带来更多个性化、多元化的需求，需求越多，机会也就越多。人总是知道自己了解了多少，不知道自己不了解的有多少，正如一个圆，已知的在圈内，未知的在圈外，而未知的要远远比已知的多。也就是说我们可以创新的空间很大，如汽车业的发展带来了与之相关的产业的发展，如汽修、汽配、洗车、汽车装饰、旅游休闲、能源、环保等。每一个产业的每一个价值链的需求都可以是一个创新的机会。

【案例 1-1】

华为"工者有其股"的制度创新

说起任正非，大家可能会有点陌生。但提到华为，几乎是无人不知，无人不晓。没错，任正非就是华为技术有限公司的创始人兼总裁。1988 年他以 21000 元注册资本创办深圳华为技术有限公司，主营电信设备。

华为之所以能够一直屹立在电信行业，除了技术上的不断创新之外，还有最主要的一点就是"工者有其股"的创新制度。这应该是华为最大的颠覆性创新，是华为创造奇迹的根本所在，也是任正非对当代管理学研究带有填补空白性质的重大贡献——如何在互联网、全球化的时代对知识劳动者进行管理，在过去百年一直是管理学研究的薄弱环节。

一般人看来，任正非完全可以拥有华为的控股权，自己独享所有的成果。但任正非没有，他选择了反常理，即选择了创新。在 29 年前，华为创立的第一天起，任正非就给知识劳动者的智慧——这些非货币、非实物的无形资产进行定价，让"知本家"作为核心资产成为华为的股东和大大小小的老板，到今天为止，华为有将近 8 万股东。从这一意义上看，这种颠覆性创新具有独特的标本性质。

创新需要的是扎实的基础与创新的思维。创新，是一个人、一个民族、一个国家所必需的一种精神。

1.1.1 创新与创新思维

你要想与众不同，要想在以后的学习工作中出奇制胜，就需要创新的思维，只有拥有创新思维，才能使你在生活中步步向前。

那么到底什么是创新，创新的定义是什么？

创新是指以现有的思维模式提出有别于常规或常人思路的见解为导向，利用现有的知识和物质，在特定的环境中，本着理想化需要或为满足社会需求，而改进或创造新的事物、方法、元素、路径、环境，并能获得一定有益效果的行为。

简单理解“创新”即为：创造有用的东西。如果你创造的东西新但无用，那就没有实际意义，毫无意义的东西便没有存在的价值，那么这个创新也就没有意义了。所以创新即创造新的有用的东西。

【案例 1-2】

A 公司研发出一种蓝色的塑料健身球，定价大约 300 元，放到高档体育用品店，生意不错。

B 公司快速跟进，但“创意”是卖红色的塑料球。

C 公司又做了一套球，表面喷涂彩虹的七种颜色。

D 公司发明一项技术，把彩球的制造工艺变化了，使得彩球的造价降低至原来的 1/10（定价可以降到 30 元），把这个产品从高端产品变成了普通百姓能接受的产品。

E 公司又再接再厉，改进了制造工艺，使得造价变成 15 元，销量大大增加。

F 公司受 E 公司的启发，发明了一个新的加工方法，把球的价格再次降低。同时，F 公司在球上打上赞助商标，免费把球送给消费者，靠广告收入赚钱。F 公司生意非常好，不仅在创业板上市，而且竟然收购了 A 公司。

案例 1-2 中，你认为哪个公司做的是创新工作？以上几个公司，哪个是新？哪个最新？哪个是模仿？哪个是你最欣赏的创新境界？注意：这里没有标准答案。案例 1-2 中的球只是一个比喻。这个球可以是一台计算机、一部手机、一张新的信用卡、一种新的解题方法、一档新的电视节目或一个新的互联网赚钱模式。现实生活中有很多具体的例子。

创新并不神秘，别人想不到的，别人不愿做的，别人做不好的，你想到了，你愿意做了，你做好了，这就是创新。如四川的李女士靠擦鞋起家，如今拥有

2000余家擦鞋连锁店；烟台喜旺集团1996年靠卖猪头肉起家，现为中国肉类行业50强企业。

创新并不是不模仿，而是要在技术、成本、服务等某一方面或几方面优于被模仿对象。比如星巴克，咖啡制作是向意大利咖啡馆学的，营销模式是向麦当劳学的。模仿到极致或者超越也是创新。

创新并不是很复杂，工作方法、工作技巧、工作理念都可以创新。别人一天能发100份传真，你能发10000份，就是创新。

创新不是单纯为了做新的东西，而是为了做新的有用的东西。发明的东西没有用，不被接受，就不是创新。不要去满足不存在的需要；不要去“发明”需求，或满足自己一厢情愿想象的需求。创新是顺应知识和社会的流动过程的一种创造活动。

1.1.2 创新的特点

（1）创新的开始在于问题。爱因斯坦说过：“提出一个问题往往比解决一个问题更重要。因为解决问题也许仅是一个数学上或实验上的技能而已，而提出新的问题、新的可能性，从新的角度去看旧的问题，却需要有创造性的想象力，而且标志着科学的真正进步。”创新最开始的地方，在于发现问题，只有发现了问题才有可能有创新之处。

（2）创新的关键在于突破。要创新，就要突破常规戒律，突破固有的习惯，突破条条框框，突破已有经验，突破过去的思维定势。可以说“创新就是对传统的背叛”。

在我们中职生的生活里，创新也是要突破“日常”。比如说对于作文中论据的选取，大家都选取一般的，用过很多遍的例子，你偏偏不用，自己搜集新的例子，那你的作文成绩就有可能高于他人。

（3）创新的本质在于新颖。创新的意义在于“出新”，新是创新的本质，是创新的价值所在。所有创新都必须在创新思维作用下，用新的思路、新的方法去解决问题，从而获得新的理论、新的技术、新的设计、新的方案、新的产品。

作文中也是一样，不要用老套的论点论据来证明自己的文章，论据越是新颖，分数就有可能会越高。

(4) 创新的基础在于继承。"如果说我比别人看得远的话，那是因为我站在了巨人的肩膀上。"牛顿的这一句话很好地说明了新与旧的关系：无旧便无新。新是在旧的基础上发展变化而来的。所以，继承是一切创新的基础，只有在继承的基础上创新，才是科学的。

这一点在解题中很重要，尤其是数学题中。有的同学为了显示自己与别人不同，创造出一些"不完善"的解题方法，东拼西凑，虽然最终也得出了最后结果，但是过程一塌糊涂。那是因为创新是要在"继承"的基础之上进行的，没有前期的知识积累，没有基本方法的铺垫与对题意的深刻理解，"胡编乱造"出来的解题方法不可取。

(5) 创新的目的在于发展。创新的目的性很明确，就是要看是不是有利于自然界的发展，有利于社会的发展，有利于人的发展。只有有利于自然、社会、人类发展的创新才称得上是真正的创新，才能持续下去。

1.1.3 中职生创新中的不足

(1) 缺乏自信。许多中职生在经历中考失利之后会不相信自己的能力，总是认为自己没有别人优秀。对于创新，更是认为是对"高材生"而言，完全不认为自己能够创造新的有用的东西。在平时的学习中总是在"随大流"，毫无创新心意，万事得过且过。

(2) 基础薄弱。有一些学生基础薄弱，又不愿提升自己的知识水平，总是想"创新嘛，就是与众不同就好了"，于是"创造"出一些"不伦不类"的东西来。

(3) 虎头蛇尾。有些学生刚开始遇到一个新的任务或事件时热情高涨，想着一定要做出什么。可是才坚持了一两天就不再坚持了，完全忘记了自己的初衷，导致虎头蛇尾，毫无收获。

曾经的我们也许并不爱学习，也许是因为一次"没跟上"导致现在学习的"跟不上"，也许是中考的失利让我们没能走进高中学校。但这些都不应该成为阻碍我们创新的理由。强大的知识头脑也许更容易创新，但并不是我们就不可以创新。现在没有的我们可以学，现在有的我们要发扬下去，只要给自己以强大的自信心，再加上我们的努力与坚韧的意志，我们也可以将创新做得很好。

什么是创新？比别人提前一步是创新，比别人多想个角度是创新，比别人多干几件实事也是创新。什么样的思想决定什么样的生活。中国从刀耕火种的远古，到科学技术发展日新月异的今天，每前进一步都离不开创新者不懈的努力和辛勤的汗水。这些创新者的与众不同之处就在于思维的求新求异，敢于冲破传统观念的束缚，脱离旧的思维模式。创新者在没有成功之前总是不被社会认可、鼓励，甚至是被排斥。但是正是因为他们，才有我们今天的一切。

名人名言

读书无疑者，须教有疑，有疑者却要无疑，到这里方是长进。

——朱熹

疑是思之始，学之端。

——孔子

1.2 创新与效仿

【案例 1-3】

轰动 21 世纪的伟大效仿——“苹果”系列

现代社会，提到苹果，可能更多的人想到的不是吃的苹果，而是乔布斯的苹果。是的，史蒂夫·乔布斯绝对可以算是改变现代人类生活的一位划时代人物。他设计了 iMac、iPod、iPhone、iPad 系列产品，给无数人的日常生活带来了巨大变化，完全改变了 IT 产业的格局。不仅连曾风光一时的“巨无霸”移动电话公司诺基亚，就连像任天堂那样的游戏公司、像微软那样的优质企业都在苹果出现后陷入发展停滞的泥沼。乔布斯获得成功的最大原因可以说是“开放的商业模式”。通过观察 iPod 的生产过程就可以轻易看出苹果公司采取了多么开放的商业模式。iPod 的电池、外壳、内存、操作系统、硬盘分别由索尼公司、小林公司、三星电子、PortalPlaye 和东芝公司生产，而组装则由位于中国深圳的富士康科技集团负责。苹果公司只是负责确定核心概念和设计。

苹果手机创新的成功，很大部分来源于效仿，先效仿其他产品，核心部分自己掌控。可以说效仿是掀起伟大革新的出发点。

1.2.1 创新与效仿的关系

零售企业沃尔玛的创始人萨姆·沃尔顿曾说："我并不是个充满创意的人。大部分的想法都是从其他公司那里获得的。"实际上他的创业灵感来自国外一家小型零售店的特别购物形式，即顾客自行推购物车购物的形式。由此，他下定决心创业。之后，他对各行各业进行了效仿。

不论是伟大的实业家还是伟大的艺术家，只要你细心地去了解就会发现，他们都是效仿天才。莫扎特被人们认为是天才，但他在童年时期的创作效仿了弗朗茨·约瑟夫·海顿。天才画家毕加索也是如此，他从其他画家的作品中获得灵感，创作出无数佳作。真正意义上的新东西并不存在。不论是商业还是学习，想要成为所在领域的领头羊，人们就必须不断地学习，在这个过程中，人们会把现有的知识和艺术当做灵感的源泉。如果没有一定的知识积累就想创造出全新的知识，是完全不可能的。因此，把效仿和创新对立起来是错误的。创新是从效仿出发的，没有效仿，创新不可能实现。如果没有前人留下的知识，我们什么都创造不出来。实际上，效仿和创新是相辅相成的关系。

约翰·古腾堡是西方金属活字印刷术的发明人。在发明金属活字印刷术时，古腾堡周边葡萄酒酿造厂随处可见的压榨机给了他启示。在制作葡萄酒的时候，需要用压榨机把葡萄压碎，古腾堡发明的印刷机原理和压榨机的原理很相似，也就是说古腾堡是模仿压榨机的原理发明的金属活字印刷术。事实上，金属活字印刷本身并不是件很难的事情。我们小时候都有在橡皮上刻字制作印章，然后再蘸上液体在纸上盖章的经历。但是古腾堡的金属活字印刷术却改变了历史，其功劳可以归结于模仿了压榨机，因为它使印刷的生产性得到了飞跃的发展。当时葡萄酒压榨机的发明人肯定不会想到他的发明会演化至此。

简单来说，从古腾堡的效仿事例中我们可以得到这样的启示：古腾堡并不是想出了一个之前从来就不存在的新点子，而是利用已经开发的技术原理，用新的思路重新组合模仿，从而大幅提高了印刷效率。与其说他是开发了新的创意性的技术，倒不如说是用印刷的思路恰当地综合木版印刷术、金属加工工艺和葡萄酒压榨机技术最终实现了伟大的革新。正因为此，一部分学者因为当时资料不足并不承认古腾堡对这一技术的独创性。

然而，过度的模仿就如同在一张画布上重复作画，只是回忆过往的风景。

自从2009年新浪微博开通以来，微博已进入千家万户。每天，有无数的信息在微博上传播，有无数的事件在微博上翻腾。随着越来越多人的注册，新浪微博越来越火热，新浪在中国彻底打响了知名度。于是，各种各样的微博翻版接踵而来，各大公司纷纷效仿。然而，盲目的效仿只是拾人牙慧，步人后尘，这些后起的微博只是一阵无力的风，纵然荡起些波澜，却无法真正在市场上掀起巨浪。

拒绝模仿，锐意创新。唯有雄奇似黄山才能在群峰中傲然挺立。让我们摆脱千篇一律的面孔，为飞翔的思想更换一个更为广阔的天地！

1.2.2 中职生的创新与效仿

（1）要选择适合自己的模仿者，不一定要找年级第一名，关键是要找到适合自己的、能模仿的对象。比如找比自己成绩略好的、名次略高的同学，作为自己最开始的效仿对象，认真观察，仔细分析，看哪些方面自己可以效仿。

（2）模仿跟进的时机很关键，时机合适，事半功倍，否则，事倍功半。正如某葡萄酒公司在国内葡萄酒市场还远未成熟的情况下，率先投入千亿元，照搬照抄国外的“把葡萄酒当做啤酒卖”的模式，采取低价策略，力推“葡萄酒普及运动”，结果前期4亿元投入消耗完毕，血本无归，公司总部也从上海搬回了新疆。所以，在不恰当的时间，不恰当的地区，硬搬别人的套路，只能是他人的铺路石。那么我们中职生在学习上模仿也要找好时机，并不是任何时候都适合效仿别人。

（3）模仿后要做到持续的改良，其本质就是创新。在模仿的基础上，进行持续的改良是非常有效的创新模式，找到模仿对象的优点进行不断地强化，而对于其缺点尽量想办法克服或规避。

【案例1-4】

有个女孩子，刚开始上中专时由于身边的朋友不怎么爱学习，她也就一起，上课走神，作业不独立完成，成绩在班级倒数。第3学期末，她的朋友选择中专毕业，而她选择参加春季高考。这时她身边的伙伴发生了变化，换成了一个喜欢学习的女孩子。于是她开始效仿，上课认真听讲，作业按时独立完成，成绩也慢慢地提高了，最终考入了自己满意的高校。

名人名言

效仿是学习，也是一种创新。

——马化腾

很多人谈创新，认为就是做别人没有做过的事，但大部分创新，都是在前人成就的基础上更进一步。

——俞敏洪

思考与练习

一、单选题

（1）你要想与众不同，要想在以后的学习工作中出奇制胜，就需要（　　）的思维，拥有创新思维，这样才能使你在生活中步步向前。

A 创新

B 发展

C 质量

D 物质

（2）简单理解“创新”即为：创造（　　）的东西。

A 创新

B 有创造性

C 有用

D 物质

（3）爱因斯坦说过：“（　　）往往比解决一个问题更重要。因为解决问题也许仅是一个数学上或实验上的技能而已，而提出新的问题、新的可能性，从新的角度去看待旧的问题，都需要有创造性的想象力，而且标志着科学的真正进步”。

A 解决一个问题

B 提出一个问题

C 提出一个新问题

D 创造性的想象力

（4）牛顿说：“如果说我比别人看得远的话，那是因为我（　　）”。

A 看书多

B 站在了巨人的肩膀上

C 我用发展的眼光看问题

D 有创造性的想象力

（5）把效仿和创新当成对立的概念是（　　）的。

A 正确

B 错误

C 完全正确

D 完全错误

（6）创新的目的在于（　　）。

A 继承

B 新颖

C 突破

D 发展

（7）创新的关键在于（　　）。

A 继承

B 新颖

C 突破

D 发展

（8）创新的本质在于（　　）。

A 继承

B 新颖

C 突破

D 发展

(9) 创新的基础在于（　　）。

A 继承

B 新颖

C 突破

D 发展

(10) 创新的开始在于（　　）。

A 问题

B 新颖

C 突破

D 发展

二、多选题

(1) 创新的特点有（　　）。

A 开始在于问题

B 关键在于突破

C 本质在于新颖

D 基础在于继承

E 目的在于发展

(2) 下列选项中，属于创新特点的是（　　）。

A 创新的开始在于问题

B 创新的关键在于突破

C 创新的本质在于新颖

D 创新的基础在于继承

E 创新的目的在于发展

(3) 下列选项中，关于模仿的说法正确的是（　　）。

A 要选择适合自己的模仿者

B 要选择周围最出色的人作为自己的模仿者

C 模仿跟进的时机很关键

D 模仿后要做到持续的改良

（4）中职生创新存在的问题有（　　）。

A 学历低

B 缺乏自信

C 基础薄弱

D 虎头蛇尾

（5）关于创新，下列说法正确的是（　　）。

A 比别人提前一步是创新

B 比别人多想个角度是创新

C 比别人多干几件实事是创新

D 比别人赚钱多是创新

三、思考题

（1）何为创新和创新思维？

（2）中职生如何进行创新与效仿？

四、创新思维训练

（1）我国明代珠算家程大位的名著《直指算法统宗》里有一道著名算题：一百馒头一百僧，大僧三个更无争，小僧三人分一个，大小和尚各几丁？

如果译成白话文，其意思是：有 100 个和尚分 100 只馒头，正好分完。如果大和尚一人分 3 只，小和尚 3 人分一只，试问大、小和尚各有几人？

____

____

____

____

____

____

（2）对联分为上联和下联，请你用线把相对应的上联与下联连起来。

此即牧童遥指处	学海无涯苦作舟
但愿世间人俱健	理人间万缕青丝
一人巧作千人食	何必再问杏花村
书山有路勤为径	五味调和百味香
操世上头等大事	不惜架上药生尘

在上述对联中，请为书房选一副对联：____________，____________。

请为理发店选一副对联：____________，____________。

请为酒店选一副对联：____________，____________。

剩下的两副对联，你觉得一副应送给____________，另一副应贴在____________。

（3）效仿“偶像”的一天。

要求：每位同学确定班内自己的一位“偶像”，这个“偶像”可以是学习比自己好、性格比自己好、习惯比自己好，要求在一天之内要尽量向偶像学习，并谈谈自己的感受。

____

（4）计算 1998+1997−1996−1995+1994+1993−1992−1991+…+6+5−4−3+2+1。

（5）在 120 米的直道上，从距离起点 3 米处开始，依次重复地轮换插上红、黄、紫、蓝四种彩旗。相邻的两面彩旗间间隔 3 米，问距离起点 87 米的地方插不插旗？如果插，插的是何种旗？

2 创新创业者的素质与能力

创新并不是一个说说就可以做到的词语，我们要想做到创新，需要准备的有很多很多。我们需要有健康的身体素质和心理素质、充足的知识素质和能力素质等。

2.1 创新创业者应具备的身体与心理素质

【案例 2-1】

刘强东，江苏省宿迁市人，1992 年以高分考上中国人民大学。大学期间，他一直独立生活，不向家里要一分钱。从大一开始，刘强东就做了很多兼职。也就是从那个时候开始，他在心里默默种下强身健体的信念，有机会就锻炼自己的身体，因此也锻炼出了强大的内心。

1998 年，刘强东开始自主创业。2004 年 1 月开始，他带领公司进入了电子商务领域，正式创办“京东多媒体网”，继而发展为京东商城。

身体是革命的本钱，只有有了健康的身体才能更好地去完成自己想做的事情。健康的身体不仅仅是单纯的身体健康，还包括心理健康。要想拥有创新的头脑，取得创业的成功，首先需要具备健康的心理素质和身体素质。京东之所以能做到家喻户晓，与刘强东本人健康的身体以及强大的心理素质不无关系。

2.1.1 身体素质

创新创业者需要有一个健康的身体。只有有了健康的身体我们才能拥有更多的精力去思考、去创新。良好的身体素质是指身体健康、体力充沛、精力旺盛、思路敏捷。现代小企业的创业与经营是艰苦而且复杂的，创业者工作繁忙、工作时间长、压力大，如果身体不好，必然力不从心、难以承受创业重任。

身体健康是一切活动的基础，只有身体健康的人才能做到行动跟着心走。但当今社会有很多人身体处于亚健康状态，比如坐久了猛然起身闪了腰，不管睡多久还是全身没劲，爬一两层楼就气喘吁吁……身体出现这些迹象，就是在提醒你要注意健康了。美国《读者文摘》中，总结出 7 道测试题，请对照自己的答案，看看你的身体健康是否达标。

（1）早上 7 点起床，9 点就会觉得无精打采？

如果答案为“是”，说明你可能因为缺乏运动或久坐让身体过度疲劳。运动是公认的能量助推器，一项涉及 6800 多人的大型研究发现，长期久坐的人进行有规律的运动后，比不运动的人疲劳感减轻很多。世界卫生组织建议，应该有规律地持续锻炼，每周至少 5 次，每次至少运动 30 分钟。

打破静态的生活方式也很简单，比如，乘坐公共汽车上下班时，可以提前两站下车步行，或改骑自行车；每工作 40 分钟后，运动 5~10 分钟。

（2）两只手各拎 3 公斤重的瓶子，手臂会不会感到酸痛？

两手各拎 8 磅（约 3 公斤）重的瓶子，考验的可不仅仅是肱二头肌，还能测试你的肩膀、背部、胸部、膝盖等重要肌肉群是否达标。研究表明，不经常锻炼的人在 20~25 岁达到最大肌肉力量，以后每 10 年都会以 10%左右的速度衰退，60 岁以后，衰退会更迅速。一旦缺乏肌肉力量，人就容易受伤，容易患上关节炎、骨质疏松甚至抑郁和痴呆。美国塔夫斯大学的一项研究发现，患有关节炎的老人在进行持续 16 周的力量训练后，疼痛感降低了 43%。肌肉力量训练可以借助哑铃等重物，以每组 20~25 次，每周 5~7 次为宜。

（3）上下跳动 10 次，心跳是否加速？

这是检查心率控制状况和心血管健康的一个重要指标。如果心跳加速、感到心慌，排除疾病因素，平时可通过多运动来改善，可以选择间歇训练，比如将快速跑和慢跑结合起来，能够有效提高耐力，保护心脏。

（4）剪脚趾甲时，身体弯曲是否有不适感？

如果伸展时觉得很吃力，就要重视你的关节和骨质情况，当心关节炎、骨质疏松等疾病，这也可能是心脏出问题的信号。一项研究发现，双腿站立时，无法触摸到脚尖，可能和动脉僵硬度有关，是心脏疾病的前兆。美国梅奥诊所的专家认为，每天5分钟的伸展练习就能改善这种状况，可从脖子开始，逐渐延伸到臂部、肩部、背部和小腿部位，对促进血液循环和关节健康很有帮助。

（5）能否后踢到自己的臀部？

这是另一个能测试身体柔韧性的方法，如果你做起来感到很困难，说明你身体的灵活性和力量都不过关。可以通过一步迈两层台阶地爬楼梯，或经常练习后踢腿来改善。

（6）跳10分钟节奏快的舞蹈是否会气喘？

这个问题可以反映身体的肌肉力量和心肺功能。要想更好地锻炼心肺功能和塑造肌肉，坚持每天做10~15分钟的爆发性运动更有效。实验表明，这比单纯在跑步机上跑1小时效果要好得多。做爆发力强的运动，如搏击操、短距离快跑等，可以使脂肪充分燃烧，塑造肌肉线条，增强肌肉力量，并且能够提升心肺功能。但要注意，老年人易出现骨质疏松、肌肉萎缩、骨质增生、关节疾病等，因此不宜进行高强度和需要爆发力的运动。

（7）不挪动双脚，能否转身向后看？

这个动作能测试出身体的中枢肌肉力量和柔韧性程度。如果做起来困难，可以经常转转腰，增强腰部肌肉、关节的功能，对慢性腰肌劳损、腰椎骨质增生、腰椎间盘突出、风湿性腰痛、坐骨神经痛等也有防治作用。

体力充沛是在身体健康的基础之上，如果能保体力充沛，干什么事都有劲头，那说明你的身体状况还不错。下面还有几道测试题，可以测一下我们的体力是否充沛。

（1）连续走30分钟是否感到疲累？

走路和身体的很多指标都有关系，每天至少走20分钟，能够帮助燃脂、维持身材、让人心情舒畅，并且精力充沛，还能够降血压和血糖。多项研究发现，随着年龄的增加，每天散步20~30分钟可以明显改善健康状况，尤其坚持锻炼的老人，独立和自理能力提高41%。快走时，应配合正确的摆臂姿势，即曲臂摆，因为直臂摆容易使胳膊充血，引起不适；快走后，可加入一些力量练习，适当提高运动强度，特别是针对上肢力量的练习，如俯卧撑等；刚坚持快走时，可以隔天走一次，身体逐步适应后就要坚持每天锻炼了。

（2）坐飞机或火车时，能独立地将装着物品的箱子放在行李架上？

这个动作可以检验你的腰背和腿部力量，腰背力量差的人容易被慢性腰疼缠身。“倒退走”可增强腰背肌群力量，加强腰椎的稳定性及灵活性，同时提高腰部组织的新陈代谢，缓解腰背疼痛。

（3）拿着重物上下楼梯是否感到吃力？

这是一项关于力量、心肺耐力和平衡性的测试。爬楼梯比在平地上走需要更多的能量和持久力，如果发现自己才爬几层楼就气短、呼吸困难，往往肺功能已经比正常人差50%以上了。而且现在楼房里大都安装了电梯，让人们少了很多爬楼锻炼的机会。越是爬楼吃力，以后越是应该试着做更多的爬楼练习。平时工作中，可以利用打电话和午休的时间上下楼。上下楼梯时要注意多运用大腿肌肉、臀部肌肉和腹肌的力量，而且要讲究循序渐进，不要猛地增加运动量，否则容易损伤关节。

人要砍倒一棵树，需要消耗一定的体力。人要办成一件事，需要消耗一定的精力。成功的人有足够的精力去面对众多的人和事。而精力不足的人面对过多的事务就会感到烦心、倦怠、伤神。

除了要身体健康、体力充沛、精力旺盛之外，当然还需要敏捷的思路。只有思路敏捷的人遇到事情才能把问题分析清楚，找出答案，很好地完成。

2.1.2 心理素质

创业之路，是充满艰险与曲折的，自主创业等于是一个人去面对变化莫测的激烈竞争以及随时出现的需要迅速正确解决的问题和矛盾，这需要创业者具有非常强的心理调控能力，能够持续保持一种积极、沉稳的心态，即有良好的创业心理素质。

（1）诚信——创业立足之本。市场经济已进入诚信时代，作为一种特殊的资本形态，诚信日益成为企业的立足之本与发展源泉。创业者品质决定着企业的市场声誉和发展空间。不守诚信或可“赢一时之利”，但必然“失长久之利”。反之，则能以良好口碑带来滚滚财源，使创业渐入佳境。

（2）自信——创业的动力。人的意志可以发挥无限力量，可以把梦想变为现实。对创业者来说，信心就是创业的动力。要对自己有信心，对未来有信心，要坚信成败并非命中注定而是全靠自己努力，更要坚信自己能战胜一切困难。

（3）勇气——视挫败为成功的基石。失败的结果或许令人难堪，但却是取之不尽的活教材，在失败过程中所累积的经验，都是缔造下一次成功的基石。创业的过程就是在不断的失败中跌打滚爬，只有在失败中不断积累经验财富、不断前行，才有可能到达成功彼岸。

（4）领袖精神——创业的无形资本。企业文化被称作企业灵魂和精神支柱。而企业文化精髓就是创业者的领袖精神，这是凝聚员工的一笔“不可复制”的财富，更是初创企业生存和发展的关键。对创业者来说，注重塑造精神领袖，远比积累财富更重要，因为财富可在瞬间赢得或失去，但精神领袖永远是赢得未来的无形资本。

心灵启迪

同学们，看到这里，你有没有什么想法？

在创新创业前，先参照表 2-1 对自己进行一个全面的“大检查”，看看自己的身体是否符合要求，自己的心理是否足够强大。

表 2-1 “真”、“假”创业者

“真”创业者的特征	“假”创业者的特征
一切为了发展	只关注花花世界
理性自律	无约束放纵
巨大的个人发展压力	随心所欲
坚强的奋斗性格	脆弱的烂漫性格
向社会争取的意志	偏好自由的惯性
珍惜财富	挥霍财富
为了成功的自我牺牲	不顾大局的任意妄行
目标明确	目标缺失

2.2 创新创业者的知识素质

【案例 2-2】

雷军，1969 年出生于湖北仙桃，1987 年考入武汉大学计算机系。大学毕业后，雷军开始在计算机领域闯荡。1992 年，雷军与同事合著了《深入 DOS 编程》一书。接下来的两年里，雷军设计过电路板，焊过电路板，甚至还干过一段时间的黑客，解密各种各样的软件。两年下来，雷军和各家电脑公司老板都成了熟人，自己也成了武汉电子一条街小有名气的人物。现在提到雷军大家想到的可能就是小米了，没错，他创造了小米，创造了奇迹。

创新创业者要想成功，脱颖而出，需要有丰富的知识储备。

创业者的知识素质对创业有着举足轻重的作用。在知识大爆炸、竞争日益激烈的今天，单凭热情、勇气、经验或只有单一专业知识，要想成功创业非常困难。创业者要进行创造性思维，要作出正确决策，必须掌握广博知识，具有一专多能的知识结构。具体来说，创业者应该具有语文、数学、英语和其他专业学科的知识。

2.2.1 语文知识

语文，简单地说就是语言文字。语文不但是人们在日常生活中交流、认知的基本工具，也是进行一切创新的基础。语文是学习其他知识的基本手段，是培养人表达能力的基本知识。语文的重要性并不止于此，我们只需认真学即可。

2.2.2 数学知识

有的同学可能会说，将来我又不当数学家，为什么要学习数学？数学是一种工具，它逻辑性强，能训练人的思维能力；它注重思维方法，能让你的思维更敏锐。数学是研究空间形式和数量关系的科学，是刻画自然规律和社会规律的科学语言和有效工具。数学科学是自然科学、技术科学等科学的基础，并在经济科学、社会科学、人文科学的发展中发挥越来越大的作用。数学的应用越来越广泛，正在不断地渗透到社会生活的方方面面，它与计算机技术的结合在许多方面直接给社会创造价值，推动着社会生产力的发展。中职数学对于认识数学与自然界、数学与人类社会的关系，认识数学的科学价值、文化价值，提高分析问题和解决问题的能力，形成理性思维，发展智力和创新意识具有基础性的作用。中学数学是学习物理、化学、生物、技术等课程和进一步学习的基础。随着时代的进步，数学科学的思想、方法和内容已经渗透到人类生活的各个方面，国家的发展、科学技术的进步更离不开数学。因此，具备一些必要的数学知识和一定的数学思想方法，是现代人才基本素质非常重要的组成部分。当然，我们学习的数学只是数学学科体系中很基础，很小的一部分。现在课本上学的未必能直接应用于生活，主要是为以后学习更高层次的理科打好基础，同时，也可以掌握一些数学的思考方法以及分析问题解决问题的思维方式。

2.2.3 外语知识

毫无疑问，英语是世界上使用最广泛的语言之一，非英语国家的人使用的语言一般是两种：母语和英语。我们想要创新创业，想要今后走出国门，应当打下扎实的英语基础。

早在二三十年前，如果被问到为什么要学英语，许多人的回答可能是：英语是一块敲门砖，是在学校拿文凭、在单位评职称和晋升等必不可少的条件。对于那个时代的人来说，因为环境相对封闭，在实际工作和生活中使用英语的机会几乎没有，所以只用死记、硬背、考试、过关、拿文凭就可以满足需要了。英语学习的理念，更多的停留在如何背单词、如何抠语法、如何考高分这些基础层面上，英语被当成“数理化”一样的纯知识型科目来学，“题海战术”一度成为解决问题的灵丹妙药。

随着改革开放的推进，我们国家越来越开放，经济、政治、文化等方方面面与国际接轨，英语学习的意义也悄然发生了变化。对于大多数70后和80后的学生来说，英语成为了一种工具，无论是升学、找工作还是与外国人交流，都能派上用场。人们开始真正感觉到，英语是有用的。英语也从纸面上的东西，进入到了我们的生活和工作中。从英语学习的方法上讲，这一时期人们更关注的是如何对“工具”临阵磨枪，如何寻找捷径来巧妙应对，追求短期效果，忽略长期积累。然而我必须指出的是，把英语当做一种工具这种学习理念是有缺陷的。因为工具只有在人们需要使用的时候才会想起，平时是束之高阁，所以会生锈。这也很好地解释了许多英语学习者的痛苦：花了很大精力去学，但平时用的机会不多；到要使用的时候，英语却生锈了，忘却了，于是再学、再忘，陷入恶性循环。有些英语教育机构一味地迎合学生的应试需求，为了商业利益，不断推出各类由答案逆向推导来的“命题规律”、“解题技巧”、“速成秘诀”，不断强化英语的“工具”这一属性，错误地诱导英语学习者，营造出一种浮躁、投机的英语学习心理，偏离了英语学习的本质，结果自然是事倍功半了。

今天，我国已经和全世界融为一体，我们的英语学习，也从工具时代进入到能力时代。越来越多的学生去国外留学，越来越多的跨国企业在中国开展业务。在这样一个时代背景下，英语不仅仅是敲门砖、工具，更是成功者必须具备的一种能力，能力的重要意义在于，它不是纸上谈兵，不是临时性的，而是真正能在学习工作中发挥作用。

2.2.4 其他知识

了解科学的经营管理知识和方法，提高管理水平；掌握与本行业本企业相关的科学技术知识，依靠科技进步增强竞争能力；具备市场经济方面的知识，如财务会计、市场营销、国际贸易、国际金融等；具备一些有关世界历史、世界地理、社会生活、文学、艺术等方面的知识。了解这些知识可以使你在以后的工作中站稳脚跟，具备一技之长，成为不可或缺的人才。

无论在什么时候，无论干什么事情，强大的知识储备总归是有利无害的，假如你现在还没有确定创业目标，你不如多涉猎一些知识作为将来创业的储备；若你现在已经确立了创业目标，那你更应该多学习，为将来的伟大业绩储备“材料”。

2.3 创新创业者的能力素质

【案例 2-3】

陈欧，聚美优品创始人兼 CEO，作为一名 80 后创业成功的代表，让不少青年人羡慕不已，但又有多少人知道，他也曾经历创业失败。陈欧曾说过：从哪里跌倒就从哪里爬起来，抗打击能力是成功者的必备素质。正是这种抗打击能力，一次次的失败也不曾打败这个执著的帅小伙，终于在聚美优品，他成功了，并且为自己代言。

要想成功创业，需要在平时多关心和留意身边的生活环境，根据市场上的要求和需要，配合市场的供应来发现创业机遇，从而创造成功。还要不断地去尝试、去挑战，在实践中得到经验和教训，积累失败的经验，不让自己在同一个地方跌倒两次。当然，创业最需要的是自己本身的能力与毅力。有能力没毅力是白费，有毅力没能力则是空想。

能力可以说是一个人在社会不可或缺的立足之本，只有有了较强的能力，才能更好地去施展你的才华。

2.3.1 学习能力

学习能力是指学生通过教师的指导而掌握科学的学习方法，也就是通常所说的“会学”。所以，学生只有懂得“会学”，才能实现“学会”，才能不断提高学习能力。

学习能力就是要求个人不仅要学习各种的知识，还要学会学习的方法，树立终身学习的理念，与时俱进。一个人的学习能力往往决定了一个人竞争力的高低，也正因为如此，无论对于个人还是对于组织，未来唯一持久的优势就是有能力比你的竞争对手学习得更多更快。如果停止学习，必定会落后于人，而在当今社会里，落后就会被淘汰。

那么如何提高学习能力呢，简单总结起来就是六个字“想学、会学、真学”。一要想学，即解决好学习原动力的问题，也就是解答为什么要学习。二要会学，就是要解决好学习方法的问题，也就是解答怎样学习的问题。三要真学，就是要解决好学习态度的问题，想学习、也会学习，但是不下苦功，不实实在在去学，那么提高学习能力的目的还是要落空。

2.3.2 人际交往能力

人际交往能力是指妥善处理人与人之间关系的能力。包括与周围环境建立广泛联系和对外界信息的吸收、转化能力，以及正确处理上下左右关系的能力。

良好的人际关系是获得信息的重要途径。21 世纪是创新的世纪，任何一种创新都需要捕捉大量的信息，那种一个脑袋加一支笔的研究状态，已经远远不能满足科技的发展和人们对生活的追求了。因此，21 世纪的人必须具有与人合作的意识，必须学会与人交往，学会在新的环境下适应新的角色，这是事业成功的前提。与此同时，人类知识的发展变化进程也在加速向前推进，知识更新的速度越来越快，尤其是在社会竞争十分激烈的今天，信息就是时间，就是效率，就是财富。信息获取的途径，很大程度上依赖于人际交往。人际交往能力的提高很重要的一点就是角色互换，体验不同的角色，感受不同的情感，自然而然就善于和各种人群打交道了。

2.3.3 抗压能力

抗压能力就是在外界压力下处理事务的能力。其根源其实还是处理事务的能力，只不过外界环境或者条件不同，所以问题的关键还是在做事。那么如何提高抗压能力呢?

（1）要有一套自己最熟悉的做事方法。比如有的人喜欢先计划，再论证、找资源，最后去做。而有的人喜欢先做起来，再慢慢调整。所以你要先找到自己最熟悉，最擅长的处理事务的方法。并且不断反复练习，直到成为自己的一种习惯。

（2）就是用这一种成了习惯的方法在不同场合去实践，再调整完善。

（3）变换不同的外部环境和条件，或者减少时间，或者增加难度，不断练习，直到得心应手。

(4) 成为习惯后，就不再惧怕任何突变的环境和压力了。因为这已经成为了你的本能。

(5) 只要不断地去完善，才能得到更好的做事方法，使经验不断地提高。

心灵启迪

“人都是逼出来的。”每个人都是有潜能的，生于忧患，死于安乐，所以，面对压力的时候，不要焦躁，也许这只是生活对你的一点小考验，相信自己，一切都能处理好，逼急了好汉可以上梁山，时势造英雄，穷则思变，人只有压力才会有动力。只要心中有希望存在，就有幸福存在。

名人名言

压力是躲不掉的。一个企业家要耐得住寂寞，耐得住诱惑，还要耐得住压力，耐得住冤枉，外练一层皮，内练一口气，这很重要。武林高手比的是经历了多少磨难，而不是取得过多少成功。

——马云

创业前，很多困难你都不会把它认为是困难，当它突然成为你的困难时，很多人会承受不了压力，就放弃了，这样的人一定是不能成功。

——史玉柱

思考与练习

一、单选题

(1) 创业者的（　　）对创业有着举足轻重的作用。

A 知识素质

B 思想素质

C 创新素质

D 发展素质

(2) 创新创业者不仅需要良好的心理素质，而且还需要一个好的（　　）。

A 知识

B 思想

C 能力

D 身体

(3)（　　）是创业立足之本。

A 友善

B 包容

C 诚信

D 敬业

(4) 下列说法中，正确的是（　　）。

A 创业者要进行创造性思维，要作出正确决策，必须掌握专一的知识，具有单一的知识结构

B 创业者的知识素质对创业无足轻重

C 创新创业者要想成功，脱颖而出，不一定需要有丰富的知识储备

D 只有有了知识的头脑才能帮助创业者更好的创新

(5) 抗压能力的根源其实还是（　　）。

A 处理事务的能力

B 学习的能力

C 包容的能力

D 专业技术能力

(6)（　　）是一切活动的基础。

A 心理素质

B 身体健康

C 政治素质

D 敬业素质

(7)（　　）是世界上使用最广泛的语言之一。

A 英语

B 数学

C 日语

D 德语

（8）（　　）是学习其他知识的基本手段。

A 英语

B 语文

C 数学

D 汉语

（9）人的（　　）可以发挥无限力量，可以把梦想变为现实。

A 意志

B 思想

C 知识

D 身体

（10）（　　）被称作企业灵魂和精神支柱。

A 企业管理

B 企业文化

C 企业资本

D 员工

二、多选题

（1）创新需要有充足的（　　）。

A 心理素质

B 身体素质

C 知识素质

D 能力素质

（2）身体素质是指（　　）。

A 身体健康

B 体力充沛

C 精力旺盛

D 思路敏捷

（3）创业者应该具有（　　）方面的知识。

A 语文

B 数学

C 英语

D 思路

（4）只有在失败中（　　），才有可能到达成功彼岸。

A 不断积累经验财富

B 不断前行

C 不断更新

D 不断改进

（5）良好的创业心理品质包括（　　）。

A 诚信

B 自信

C 勇气

D 领袖精神

三、思考题

（1）请结合自己的学习生活经历，在班内讨论一下健康的身体和心理素质还包括哪些？

（2）移动两个圆，使以黑色为中心上下左右白色圆一样多。

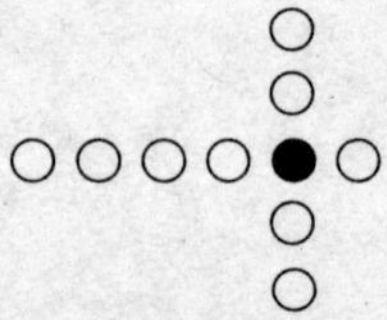

(3) 我们现在经常享受上网的便捷。比如通过网络可以传递信息、查找下载资料、玩游戏等。可是盲人要想和我们一样上网就会遇到很大的困难。针对“盲人上网”这个课题，请你分析主要困难，并提出解决方案。

3 中职生的创新创业意识

3.1 中职生的创新创业意识及其影响因素

【案例 3-1】

靠"故事"卖菜的中职生

小张在中职学校学的是计算机专业。临近毕业那年，他集结同学中的"电脑高手"组建了学校第一间"设计工作室"，当时接洽了几宗"大生意"，帮一些企业制作官方网站。毕业后，他开了家 IT 公司，从事广告设计。

2007 年 10 月，和朋友思想"碰撞"后，小张本想在"网上超市"进行尝试。他做了小型的市场调查，发现当时淘宝等电子商务网站上农产品还是个空白点，网上购物人群还没形成。而家庭买菜的多以老人为主，他们并不是网络购物的主力消费者。于是，小张创业的想法发生了改变，改做定位于白领家庭的"有机蔬菜"领域的实体店销售，并于 2008 年初，投资 30 万元开了间 180 平方米的"绿悠悠"农产品店。

因为年轻，小张的想法与众不同。一次市场考察中，农业局一位负责人向他介绍：他们那儿绿色壳的鸡蛋蛋清和蛋白都更有营养，民间更有说法称：土鸡中极少有产绿壳蛋的。因此在当地的家庭中，母亲都将更有营养的绿壳蛋留给最疼爱的孩子和最尊敬的老人食用，它不仅能提高小孩免疫力，还能治疗老人头晕、目眩等疾病。小张听后顿受启发——现在卖东西都是卖商品，我能不能"卖故事"？

回到上海后，小张将店里几十种商品一一归类，从网上搜集了从产地到用途等的各种信息，编成一个个“产品故事”，引导消费者怎样从颜色、大小、形状等细节分辨农产品的好坏，并把一些有机农作物和各项身体健康指标“对号”，比如东北某个品牌的黑木耳吃了可以软化血管等。

赋予商品故事和文化后，消费者的认可度马上提高了不少，两个月后销售额就突破了40万元。在小张的店里，商品旁边不再是单一的价格标签，还有五颜六色的“故事牌”，方便消费者挑选适合自己的商品。

3.1.1 创新创业意识的含义

创新创业意识是衡量人才素质的关键方面，指的是人在先天遗传素质基础上，后天通过环境影响和教育所获得的稳定的在创造活动中必备的基本心理品质与特征，包括创新意识、创新个性和创业能力。

其中，创新意识是指推崇创新、追求创新的观念和意识，它是创业活动的动力系统；创业能力是指作为顺利完成自主创业活动任务必备条件的专业技能和管理能力；创新个性是指有利于创新活动的意识、性格等方面的品质和心理特征。

3.1.2 影响中职生创新创业意识的因素

内在的思维方式、就业的需求，社会的促进作用、从众心理、学校教育、家庭环境等都是影响创新创业意识的因素。

【案例3-2】

两个月就关张的食品杂货店

学生小刘毕业后一直想自己做老板，看到邻居在小区里开了一个食品杂货店收益一直不错，颇为心动。于是，小刘租了小区内一个库房做店面，筹集了一万多元钱作为启动资金，进了一些货品，开了一家食品杂货店。但是经营了两个月后，小刘的食品杂货店就撑不住了，不得不关张。为什么同样是食品杂货店，邻居可以干得红红火火，小刘的店就经营惨淡呢？原来，小刘为了突出自己食品杂货店的特色，没有像邻居一样进茶、米、油、盐等大众用品，而是将经营范围锁定在沙司、奶酪、芝士等一些西餐调味品上。但是小区里的居民对她的货品需求少，加之她店面的位置在小区边缘，而且营业时间不固定，由着她的性子开，很多邻居都不愿意绕道过去，所以生意不好。

求新求异并非处处适用，小刘创业之初求新求异的心理，很多学生都有，这是优点但也是致命的缺点。经营需要有自己的特色，但是经营要符合市场环境的需要。像小刘的食品店之所以会关张，是因为她没有搞好市场调研，这个食品店如果在一个涉外社区内也许会经营得很好，但是她选择的是一个普通居民区。普通社区里的食品杂货店对茶、米、油、盐等大众用品的需求远远要大于沙司、奶酪、芝士等西式调味品。铺面的选址不合适，营业时间不固定，也是小刘创业失败的原因。

3.1.2.1 传统观念和固定观念

传统观念是影响创新创业意识的重要因素，它顽强地维护着赖以存在的实践和社会基础，反对思维对现存事物进行超越。受传统观念的影响，人们会因循守旧，墨守成规，用老眼光、老套路、老办法去面对新问题。它使人的思维受原有的思维空间的限制，跳不出原有的框框，因而就无法实现对原有认识和现存世界的超越。因此传统观念是阻碍思维创新的重要因素，是创新创业的大敌。

固定观念是指人们在特定的实践领域和学科领域内形成的观念。在特定实践领域、学术范围内这种固定观念是适用的，超出这个范围，它们可就变得不适用了。但是由于固定观念在思维中的惯性，人们总是习惯于用固定的观念去认识、评价面对的问题，而不管这个问题是否超出了现有实践和经验的范围。于是就产生了固定观念。

固定观念与传统观念的区别在于，传统观念侧重于时间角度，从历史性方面加以界定，而固定观念则侧重于空间角度，从共时性方面加以说明。与传统观念一样，固定观念也是创新创业的大敌。因为在经验范围内解决那些常规性问题，是不需要有什么创新的。一旦超出了原有的实践和学科的范围进入了一个新的领域，那么只适用于原领域的固定观念必然会排斥新思想、扼杀新观念。

3.1.2.2　思维定势和权威定势

思维定势和权威定势也是影响创新创业意识的重要因素。

思维定势是指心理活动的一种准备状态，它影响人们思考、解决问题的倾向性。人们头脑中或多或少会有一种思维惯性，这种思维惯性使人们在新问题面前仍然习惯地依据原有的思路进行思考。

思维定势与上面说的传统观念或固定观念不同。虽然观念也会形成定势，但这里所说的定势更多地是来自以往思维过程形成的习惯。观念是对认识的内容的积淀，而定势则是对认识的形式、方法的积淀。思维定势本质上就是思维习惯。

思维定势和思维习惯对于解决经验范围以内的常规性问题是有用的，它可以使我们的思维驾轻就熟，简捷、快速地对问题做出反应。但是它们对于创造性地解决问题，则只能成为一种障碍。它使人们局限于某种固定的反应倾向，跳不出框框，打不开思路，限制了人们的创新思考。

在思维习惯和思维定势中，特别值得重视的是那种唯上唯书的习惯。这种习惯使得人们不管遇到什么问题，首先去想：书上是怎么说的？上级是怎么说的？企图在书上、在上级指示里找到解决问题的现成答案。由于“书”与“上”，都是一种权威，学术上的或者政治上的权威，因此，唯上唯书的习惯也是一种盲目信从权威的习惯，是一种权威定势。

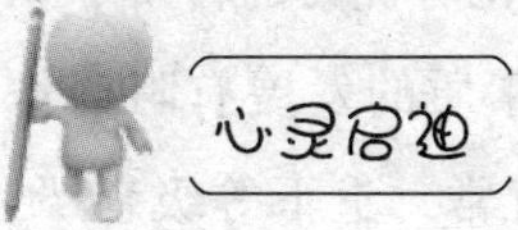

打破常规思维的小故事——盲人点灯

一个盲人到亲戚家做客，天黑后，他的亲戚好心为他点了个灯笼，说：“天晚了，路黑，你打个灯笼回家吧！”盲人火冒三丈地说：“你明明知道我是瞎子，还给我打个灯笼照路，不是嘲笑我吗？”他的亲戚说：“你犯了局限思考的错误了。你在路上走，许多人也在路上走，你打着灯笼，别人可以看到你，就不会把你撞到了。”盲人一想，对呀！

打破常规思维的启示：故事告诉我们，局限思考是从自己的角度思考，整体思考是你把自己放到整个环境中去考虑。系统地思考问题，就会发现，你的行为会与别人产生互动。

3.1.2.3 学校教育

学生读中职的目的首先是“就业”，而“创业”是大多数学生不会考虑的，很多学生仅仅为了取得文凭来到中职学校就读，学生入校后首先应加强理想与前途教育。理想是奋斗的动力。其次，培养学生专业兴趣，不仅可以提高学生学习积极性，提高教学质量，同时可以提高毕业生的创业率。另外，学校创业教育对学生创新创业意识的影响是深远的。在学校开设职业生涯课程、开展创业成功校友报告会、组织学生参观企业和教师授课时渗透创业成功例子均对学生创新创业意识的培养产生促进作用，多数学生对此也给予了肯定，说明学校的创新创业意识培养方法行之有效。

3.1.2.4 家庭环境

家庭民主气氛较浓、家长比较自信、较少权威主义、鼓励孩子独立自主、父母与孩子交往比较融洽的家庭更有助于提高孩子的创造性。相反，封建家长制的家庭，父母对孩子采用简单粗暴的方式进行教育，孩子对家长唯命是从，唯唯诺诺，并不利于孩子创造性的发展。

3.1.2.5 传统文化

对中国的传统文化要取其精华，去其糟粕。中国传统文化有优秀的传统、积极的因素，这是我们要汲取的，也有消极的因素，对创新素质的发展有阻碍作用。中国的传统文化倡导墨守成规、循规蹈矩，讲究三纲五常，上下等级森严、尊卑有序，不许违反祖宗法规，要安于现状。在这种社会氛围中生活久了，就会因循守旧，缺乏首创精神。

3.1.2.6 社会、政府、企业等外部因素

创新创业教育是一项系统工程，仅凭学校、教师、学生的力量是“剃头挑子一头热”，远远不够，还需要政府、企业、学校、社会中介机构、民间社团等各种力量的支持，将各种创业教育的资源主体进行整合。如建设与市场经济相适应的创业支持系统，为有创业潜力的学生建立起社会化的创业教育网络，包括创业培训、服务、扶持平台，弥补校内创业教育力量和资金的不足；优化学生创业相

关政策法律与商业环境，包括金融支持、政府政策、政府项目、商务环境、知识产权保护和文化与社会规范等。

综上，反思我们的教育大环境，改变以往不利于创新意识培养的社会、家庭、学校的教育方法，创造有利于创新意识形成的社会、家庭、学校“三位一体”的教育环境，培育有利于创新创业人才生长的沃土。

心灵启迪

打破常规思维的小故事——最强护卫

有一个人，每次出门都担心家中被盗，想买条狼狗拴门前护院，但又不想雇人喂狗浪费银两，苦思良久后终得一法：每次出门前把 WiFi 修改成无密码，然后放心出门。每次回来他都能看到十几个人捧着手机蹲在自家门口，从此无忧。

打破常规思维的启示：护院，不一定买狗，互联网时代，处处都要打破传统思维。

3.2 中职生创新创业意识的培养

【案例 3-3】

“树上有十只鸟，打死一只，还剩几只?”

课上老师向学生提出一个看似比较简单的问题，学生的回答会令我们想到些什么呢?

老师：“树上有 10 只鸟，猎人开枪打死了 1 只，还剩几只?”

学生：“是无声手枪，还是其他没有声音的枪?”

老师：“不是无声手枪，也不是其他没有声音的枪。”

学生：“枪声有多大?”

老师：“80~100 分贝”

学生："那就是说，会振得耳朵疼?"

老师："是的。"

学生："在那个地方，打鸟不犯法?"

老师："不犯。"

学生："您确定那只鸟真的被打死啦?"

老师："确定。"

老师有些不耐烦了："拜托，你只需要告诉我还剩几只鸟就行了，OK?"

学生："OK！鸟里有没有聋子?"

老师："没有。"

学生："其中有没有智力有问题的?就是呆傻到听到枪响都不知道要飞的?"

老师："没有，智商都在200以上!"

学生："有没有关在笼子里?"

老师："没有。"

学生："有没有残疾或饿得飞不动的鸟?"

老师："没有，身体都倍棒!"

学生："算不算怀孕肚子里的小鸟?"

老师："都是公的。"

学生："打鸟的人有没有眼花?保证是10只?"

老师："10只。"

学生仍追问："有没有傻到不怕死的?"

老师："都怕死。"

学生："有没有是情侣的，一方被打中另一个主动要陪着殉情的?"

老师："之前不是告诉你都是公的吗!"

学生："同性不可以相爱啊?"

老师愤怒了："这10只不会!"

学生："会不会一射二鸟?"

老师："不会。"

学生："一枪打三呢？"

老师："不会。"

学生："4 呢？"

老师："更不会。"

学生："5 呢？"

老师彻底崩溃："再说一遍，一枪只能打死 1 只！"

学生："…好吧，就是所有鸟都可以自由活动的？它们受到惊吓起飞，会不会惊慌失措而互相碰撞？"

老师："不会，每只鸟都自由飞行。"

学生满怀信心地说："如果您的回答没有骗人话，打死的鸟要是挂在树上没掉下来，那么就剩 1 只；如果掉下来，就 1 只不剩！"

通过案例 3-3，大家有没有觉得，这种头脑风暴式的思维方式对今后职场创新创业将会有很大的影响呢？

3.2.1 培养中职生创新创业意识的必要性

在思考前途与未来时，大多数中职生会感到一片茫然，我们培养自身创新创业意识的目的，就是要点燃内心的希望，唤醒沉睡的梦想与激情，引导自己走向成功的人生道路。

大多数中职生在初中阶段，学习基础差、行为习惯差，甚至表现差，经常受老师、家长的批评，长期生活在失败的阴影中，对自己的未来与前途感到不安，没有形成明确的人生目标。就读职业院校，一般而言是他们无奈的选择。而在职业院校学习的过程中，往往也只是注重了技能与专业知识的学习，对创新创业的学习还不够重视，其实我们应当认识到，创业才是高层次的就业。

创新创业意识的培养，有助于中职生恢复自信，振奋精神，主动矫正自己的不足，自觉投身于学习实践之中；有效地让中职生走出"失败"的阴影，以"成功者的心态"开始新的学习与生活；进一步激发其学习的积极性，增强战胜艰难困苦的勇气与信心，重新扬起人生理想的风帆。

另外，中职生好动，动手能力强，思维发散性强，这些都是创新创业者必备的素质。因此，面对着中职生迷茫、人生缺乏信心与目标的现状，我们应当针对这一特点，从具体实际出发，培养创新创业意识，培养他们成为自尊、自信与自强的人。

3. 2. 2 培养中职生创新创业意识的方法

（1）传播“创业”知识，揭去创业的神秘面纱。很多中职生对“创业、当老板”不敢去想。“创业”对他们而言，是神秘莫测，高不可攀的。因此，要培养中职生的创业意识，首要的问题是明确什么是创业。在学习“创业”的基本知识时，要知晓创业需要什么知识与能力，并对照自己，认真分析，确立人生的奋斗目标，增强对自己的信心；并且明确办公司是创业，投资千元开个小店也是创业；创业应该从小到大，稳定发展，任何一个强大的企业，往往都是从弱小发展而来的；创业是通过努力完全能够实现的。

（2）多形式激发创业欲望，不断强化创新意识。培养创新意识，实质上就是激发本身的自尊与自信，使自己能够以成功者的心态，开始新的学习与生活。激发创业欲望的过程，不可能是一蹴而就的，只有循序渐进、逐步深入、反复强化，才能使自身的创业欲望得以激发，使创新意识在头脑中扎根。我们可以通过学校、家庭和网络等多种途径，向一些成功的创业者进行学习，学习他们不平凡的创业历程，了解创业活动中的艰辛与处理问题的方法，在学习与相互的探讨中，进一步强化自身的创新创业意识。

（3）寻找机会深入实践，在实践中培养创新意识。社会是大课堂，要培养创新创业意识，就要充分利用社会这一教育资源，发挥其功效。寻找机会有计划、有组织、有目的地到工厂、企事业单位参观考察，向企业代表学习企业的发展历程与经营理念。同时亲身去感受企业的管理文化，从现实中了解自己与一名企业员工的差距，明确努力与发展方向，为自己今后准备创业增强感性认识。定期参加社会实践活动，了解社会，认识社会，增强社会责任感。因为一个创业者应当是一个社会责任感强的人，同学们在社会实践活动中，锻炼自己的社会实践能力，开阔视野，学会做关心人、帮助人，培养自己的社会责任感，培养吃苦耐劳、不畏艰险的品格，从而为创新创业意识中增添新的内容。

（4）在校园里，在学习期间尝试创业。创新创业意识的形成，是一个长期的过程，光靠理论说教，直观感受，还远远不够，必须立足校园，因地制宜，探索多形式并积极开展创新创业活动。

例如，可以有组织地开展“创业者论坛”，为一些志趣相投的有意创业的中职生创设平台，让他们相互交流，激化“创业激情”；模拟企业活动，如创办公司，模拟人员配置，举办业务推介，组织招聘，撰写企业规章制度等，开展“创业”演练。这些活动既可增强未来的求职能力，明确自身差距与努力方向，又能进一步激活其创业热情。

结合专业特点，开展创新创业实践活动，如机电专业，组织维修安装小队，参与校园内的水电安装与维修，与学校平等交谈；如旅游专业，开办小旅行社，与社会上旅行社合作，面向师生，组织师生一日游活动等。总之，要结合自身专业特点，同时，教师要当好顾问与参谋，引导其朝正面方向发展。

（5）加强专业技能训练，提高专业素质和思想素质。专业的训练其实是一个实践训练，是一个不断地遇到问题、分析问题、解决问题的过程。在这个过程中有些人半途而废，而有些人能够遇到困难不气馁、坚持到底，不达目的不罢休。实践训练过程中伴随着产生个体的个性品质，而这些个性品质又变成了支持其完成实践任务的思想素质。创业的过程其实也是一个遇到问题、分析问题、解决问题的过程，正所谓艺高胆大，创业信心和创业能力与专业素质和思想素质成正比。

（6）参加技能竞赛，培养创新创业意识。参与学校开展的丰富多彩的技能竞赛，通过竞赛逐渐掌握专业技能，对于将来步入社会，增强创新意识，锻炼和提高竞争力、观察力、思维力、想象力和动手操作能力都是十分有益的。因此，同学们应把握这样的实践机会，通过实践来不断增强自身的创新创业意识。

3.2.3 中职生创新创业的支持体系

动机从产生的起源可以分为内部动机和外部动机两类，内部动机主要来源于兴趣、需要、理想、世界观，外部动机主要来源于批评、表扬、奖励、惩罚、他人的评价。内部动机有助于创造性活动，外部动机对创造性活动是有害的。

有利于创造活动的动机是对创新创业活动的兴趣和需要，对完成活动任务的满足感，所从事的活动不受外部控制。

不利于创造活动的是外部动机，来自外部的强制与外部的评价，原因有二：

（1）它会使人不敢冒险，害怕失败而裹足不前；

（2）它会分散人对创造活动本身的注意。

实验证明，注重内部评价的学生比注重外部评价的学生创造力测验成绩高。这些研究给我们的启示是：我们的学习应改变只重知识，而忽视需要、兴趣、情感、世界观、价值观的现状；应改变被强制逼迫学习的被动状态，而采取培养兴趣，创设有趣情境的学习方法；应着重培养自己自律、自信、注重自我评价的品质，而不要形成他律、看别人眼色行事的品行。

3.2.4 将创新创业意识融入职业规划

比尔·盖茨说："我之所以走在其他人前面，不过是我认准一生只做一件事，并且把这件事做得更完美而已。"这说明目标决定前程。因此我们可以通过职业规划，让自己清醒地认识到"没有规划的人生注定要失败"的道理。同时通过职业规划，充分认识"自我"如何与大环境相结合，引导自己找到合适的职业定位，并通过设计切合实际的职业规划，找准自己的发展目标，并为实现目标做好知识和技能储备。

打破常规思维的小故事——哥伦布立鸡蛋

哥伦布发现美洲后，许多人认为哥伦布只不过是凑巧看到，其他任何人只要有他的运气，都可以做到。于是，在一个盛大的宴会上，一位贵族向他发难道："哥伦布先生，我们谁都知道，美洲就在那儿，你不过是凑巧先上去了呗！如果是我们去也会发现的。"面对责难，哥伦布不慌不乱，他灵机一动，拿起了桌上一个鸡蛋，对大家说："诸位先生女士们，你们谁能够把鸡蛋立在桌子上？请问你们谁能做到呢？"大家跃跃欲试，却一个个败下阵来。哥伦布微微一笑，拿起鸡蛋，在桌上轻轻一磕，就把鸡蛋立在那儿。哥伦布随后说："是的，就这么简单。发现美洲确实不难，就像立起这个鸡蛋一样容易。但是，诸位，在我没有立起它之前，你们谁又做到了呢？"

打破常规思维的启示：创新从本质上是一种对新思想、新角度、新变化采取的欢迎态度，它也表现为看问题的新角度。很多时候，人们会说，这也算是创新吗？原来我也知道啊！创新就这么简单，关键在于你敢不敢想，肯不肯做。

思考与练习

一、单选题

（1）（　　）是衡量人才素质的关键方面。

A 创新创业意识

B 思维意识

C 意识形态

D 思考能力

（2）影响中职生创新创业意识的因素包括传统观念和固定观念，思维定势和权威定势，学校教育，家庭环境，社会、政府、企业，还包括（　　）。

A 市场

B 传统文化

C 民族文化

D 中国文化

（3）内部动机主要来源于兴趣、需要、理想、（　　）。

A 世界观

B 价值观

C 道德观

D 生活观

（4）外部动机主要来源于批评、表扬、奖励、惩罚、（　　）。

A 他人的表扬

B 他人的评价

C 他人的看法

D 他人的批评

(5) 加强专业技能训练，可以（　　）。

A 提高专业技能

B 提高思想水平

C 提高专业素质和思想素质

D 提升能力

(6) 参加技能竞赛，（　　）。

A 提高专业技能

B 提高思想水平

C 提高专业素质和思想素质

D 培养创新创业意识

(7) 寻找机会深入实践，在（　　）中培养创新意识。

A 过程

B 学习

C 实践

D 创业

(8) 多形式激发（　　），不断强化创新意识。

A 创新欲望

B 学习欲望

C 实践欲望

D 创业欲望

(9) 传播（　　），揭去创业的神秘面纱。

A 创新知识

B 创业知识

C 实践知识

D 创业欲望

(10) 培养自身创新创业意识的目的，就是要（　　）内心的希望。

A 点燃

B 唤醒

C 激发

D 培养

二、多选题

(1) 创新创业意识是衡量人才素质的关键方面，指的是人在先天遗传素质基础上，后天通过环境影响和教育所获得的稳定的在创造活动中必备的基本心理品质与特征，包括（　　）。

A 创新意识

B 创新个性

C 创业能力

D 创造活动

(2) 影响中职生创新创业意识的因素有（　　）。

A 传统观念和固定观念

B 思维定势和权威定势

C 学校教育

D 家庭环境

E 传统文化

(3) 影响中职生创新创业意识的因素包含有传统观念和固定观念，思维定势和权威定势，学校教育，家庭环境等，还包含（　　）等外部因素。

A 社会

B 政府

C 企业

D 市场

(4) 不利于创造活动的是外部动机，来自外部的强制、外部评价，原因有（　　）。

A 它会使人不敢冒险，害怕失败而裹足不前

B 它会分散人对创造活动本身的注意

C 它能促进创新创业

D 它能激发人们创业

（5）动机从产生的起源可以分为（　　）。

A 内部动机

B 外部动机

C 内部因素

D 外部因素

三、思考题

（1）什么是创新创业意识？

（2）结合自身实际，谈谈影响自己创新创业意识提高的因素有哪些。

（3）结合自身实际，谈谈如何提高自己的创新创业意识与能力。

4 认识创业

在2014年9月的夏季达沃斯论坛上，李克强总理在公开场合发出了“大众创业、万众创新”的口号。2015年李克强总理在政府工作报告中又再次提出此口号，他是这样说的：“推动大众创业、万众创新，既可以扩大就业、增加居民收入，又有利于促进社会纵向流动和公平正义。”在论及创新创业文化时，他强调“让人们在创造财富的过程中，更好地实现精神追求和自身价值”。

如今，创新创业已经成为了全球性的话题，受重视的程度与日俱增，因为它对国民经济的发展、国家的富强、人们富裕都有着重要的意义。

新兴企业比传统企业更易实现发展，比如大家熟知的京东商城，它在2004年正式涉足电商领域后，到2015年，其净收入就达到了1813亿元，2016年7月，入榜2016《财富》全球500强，成为中国首家、唯一入选的互联网企业。截至2016年6月30日，京东集团拥有超过11万名正式员工，业务涉及电商、金融和技术三大领域，不难看出，其发展速度是十分惊人的。这种高速发展的企业不仅可以给自身带来可观的财富，也可极大地促进国家的GDP增长。如果市场中的创业活动较活跃，可催生大量的中小企业，可以促进技术的创新、变革，以及与人们工作生活相关的各种服务的提升，同时就业问题也可得到大量解决。比如市场中种类繁多的加盟项目，涉及餐饮美食、生活服务、教育培训、服装鞋帽等多种领域，加盟商加盟项目后，会得到总部的一系列支持，使盈利得到了很好的保证，这为想要创业的人们提供了更为便捷之路。

创业能使许多追求自我价值的人实现自我独立发展的理想，“为自己打工”这可以极大地提高他们在经济活动中的积极性和主动性，从而在社会经济发展中发挥出更大的作用，更好地促进国家整体经济的发展。

那么什么是创业？创业有哪些类型？想创业的人需要具备哪些能力？创业的过程是怎样的？带着这些问题，我们一起开启创业的大门，共同去发现一个未知的自己吧！

4.1 创业概述

【案例 4-1】

小李是一名程序员，在互联网刚开始兴起的时候，他辞去了稳定的工作，跟随潮流开始了互联网淘金，但结果金没有淘到，反而背了一身债。于是他变卖了公司所有，去深圳重新做起了程序员。虽然在公司上班，但他创业的想法从来没有停止过，他每天坐公交车上班时，就看着大街寻找商机，经过不断地寻找与思考后，他发现摆地摊也不错，于是他决定在大街上摆个早点摊。

在吸取了第一次网络创业只想着靠运气的教训，小李用 1000 元钱找了一名大学生帮忙做市场调查。他给了这名大学生一份深圳市地图，从东边到西边，让他寻找那些高档写字楼比较集中、并且在旁边有适合做街头小吃的地方，同时统计周边的人流量，定位适合做街头早餐的等级等。用了 20 多天的时间，这名大学生写了一份调查书，找出了 10 个地方。

下一步要进行选址，这在小李看来是最重要的，一定要选在有实力的公司附近，这些公司的员工一般早上赶着上班，看到合适的早餐就会吃点，基本不会在乎几块钱的花费。所以早餐一定要方便，不一定进店，不一定有门面，但一定要干净、卫生。

在地点、方向确定后，小李找了一处较偏僻的房子，注册了一个小吃店，作为后方制作基地。之后小李又定做了早餐车和员工的工作服，并在餐车上挂上牌子——“××早餐”，一切看起来都有模有样。他总计投资不到 1 万元钱，招聘了 4 个员工，并从 10 个可行地址中选出两个离小吃店最近的。同时招聘了一个小伙子，用三轮车给两个点送货。

在怎么做早餐这一关键点上，小李找了一个做肉夹馍的大妈传授技术，因为相距较远，没有竞争关系，只花费了 100 元钱，大妈便毫无保留地教会了小李的员工。其他像小米粥、豆浆、鸡蛋汉堡等，技术难度都不是很大，早餐项目全部都学会了之后，小李就在小吃店里开始操作。

周末小李的早餐就上市了，汉堡、肉夹馍都有专门印制的纸质小袋，袋子上印有早餐的名字，餐具都非常干净。与小李预料的一样，虽然价格偏贵，但是因为干净卫生，很多人乐意接受，一个早上就赚到了500元。一个月以后，小李又做了两辆餐车，一辆机动三轮车，营业点扩大到了4个。4个月以后扩大到了9个营业点，两个大本营，员工38人。半年的时候小李的收入到了30万元。一年后，小李辞职了，一边经营着早餐店，一边开始了他的网络公司。因为他的梦想还是在网络，不过这一次他不会等着去融资了，因为他已经有了稳定的收入。

4.1.1 创业的定义

读完案例4-1后，相信同学们对于“创业”已经有了自己的理解。不同的人对“创业”有着不同的解释，简单概括起来，可以将创业定义为：从发现和捕获机会开始，创造出当下人们所需的新产品或新服务的过程，创业成功可以为创业者带来金钱上的回报、精神上的满足，并实现独立自主的发展。

在创业的过程中，创业者是活动的核心，其本身的个性、心理特质、专业素质和处事能力等对于创业的成败具有很大的影响，因此要想取得成功，创业者要事先了解有关创业的知识，从而为后续创业活动的有序开展做好充分的准备。

4.1.2 创业的特征

对每个创业者来说，创业的过程不但充满了热情，而且还有艰辛、挫折和徘徊，需要创业者付出坚持不懈的努力。总体而言，不论是哪种形式，创业均具有以下几个方面的特点：

（1）创业可以创造出具有“更多价值的”新产品和新服务。

（2）创业过程需要投入大量的时间，付出极大的努力。

（3）不可避免地要承担来自财务、精神、社会及家庭等方面的风险。

（4）创业成功后可获得较丰厚的金钱回报，并能实现更大程度的自主发展，创业者的内心能体会到更大的个人满足感。

4.1.3 创业的类型

不同的创业动机和风险承受能力，会引导创业者选择不同的创业类型，这种类型上的差别又会进一步决定创业者该选择什么样的经营策略，所以我们有必要了解一下创业都有哪些类型，它们各自的特点是什么，这样会帮助我们更好地理解和开展创业活动。

目前，国内外众多学者对创业类型有着不同的划分方式，其中较有代表性的观点是荷兰经济学家克里斯琴·格罗路斯等人对创业的分类。他们依照创业对市场和个人的影响程度，把创业分为四种基本类型，即复制型创业、模仿型创业、安定型创业和冒险型创业。

（1）复制型创业。该类型创业是在现有经营模式的基础上再进行简单复制的过程。例如某人原先担任某食品公司部门经理，后来他自行离职，创建了一家与原公司相似的新食品公司，并且经营风格基本与原公司相同。在现实中，这种复制型企业的例子较多，创业者在前期所积累的经营经验会使其新公司更容易走向成功。但这种类型的创业模式所涉及的创新较少，也缺乏创业精神，所以并不是创新创业所研究的主流。

（2）模仿型创业。该类型创业是创业者模仿当前已有的成功企业的运营模式进行的一种创业。这种创业虽然也很少给消费者带来新创造的价值，创新的成分同样并不太高，但它对创业者本身命运的改变是较大的。如某家电公司的部门主管辞职后，模仿别人新组建一家网络公司。相对来说，这种创业具有的不确定性较大，而且需要创业者重新学习一种新的经营技能，这就导致了企业发展过程较长，经营失败的可能性也随之增加。但是，对于一些具备创新精神的创业者来说，只要能够得到专门化的系统培训，注意把握市场进入契机，获得成功的可能性也比较大。

（3）安定型创业。这种模式的创业，是创业者在其较为熟悉的领域里进行的一种创业，不确定因素较少，对创业者个人的命运来说改变并不会很大，因为他所从事的仍旧是熟悉的工作。但该创业类型强调的是创新与突破，他会不断地为市场创造出新的价值，为消费者带来实惠。例如，企业内部的研发小组在开发完成一项新产品后，继续在该公司开发另一种新产品。所以该模式的创业应是个人创业精神的最大化实现，而并不对原有的组织结构进行重新设计和调整。

（4）冒险型创业。该种模式的创业是创业者在其所陌生的领域里所进行的不确定性较大的一种创业，成功后会较大地改变个人的命运。但由于不确定因素较多，失败的可能性也很大，所以这种创业模式的难度较高。尽管如此，因为这种创业预期的回报较高，对那些对财富有着较大的渴望，同时又充满了创新精神的人来说，仍旧极具诱惑力。需要注意的是，这种创业模式需要创业者有较强的个人能力，能抓住适当的创业时机，制定出合理的创业方案，并能对企业进行科学的管理，只有具备了这几个条件才有可能获得成功。

另一种被广为认同的创业类型划分方式是按照创业的动机进行的分类，它把创业划分为生存型创业和机会型创业两种。

（1）生存型创业。生存型创业也被称为就业型创业，选择该类型的创业者，可能是没有了土地进入城市的农民，可能是单位不景气被迫下岗的工人，也可能是毕业后找不到工作的大学生，他们之所以选择创业，最初的目的多半是为了生存下去，这是我们国家目前数量最大的创业人群。而这类创业多为复制型和模仿型创业，如餐饮、美容美发、房地产经济等较容易进入人们日常生活的服务型行业，涉及实业的较少。一般规模也较小，竞争会较为剧烈。对于选择该类创业类型的创业者来说，要想获得更丰厚的回报，必须克服小富即安的惰性思想，学会抓住机遇，向机会型创业转变。

（2）机会型创业。选择机会型创业的创业者本身有着较强烈的实现自我价值的愿望，他们会在发现或创造新市场的机会下进行各项创业活动。例如，事业单位的工作人员辞职“下海”，去创建新的企业。这类创业者通常具有明确的创业梦想，进行有关创业的各项活动也都有备而来，所以成功的可能性也较大。

另外，对于没有创业经验，又缺乏资金支持的创业者来说，创业的可行性模式又可以分为以下几种。

（1）网店型创业。这是目前较为流行的创业模式，例如服装店、特色食品店、日用品店等。

（2）业务型创业。这种创业模式多为加盟或代理型，其特点就是不用创业者去批发或制作产品，但客户来源创业者需要自己掌握。

（3）摊贩型创业。这种创业模式较传统，如我们所熟悉的早点摊、烧烤摊、衣服摊等，这需要创业者能够付出较大的辛苦，且具备较好地与顾客沟通的能力。

（4）居家型创业。这种创业模式最大的特点就是在家里创业，如才艺班、课程辅导等，这要求创业者有较好的专业技能。

名人名言

一个真正的企业家，不能只靠胆大妄为东奔西撞，也不可能是在学院的课堂里说教出来的。他必须在市场经济的大潮中摸爬滚打，在风雨的锤炼中长大。

——王均瑶

4.2 创业的意义、价值与创业精神

4.2.1 创业对个人的意义与价值

虽然在就业形势不太乐观的整体形式下，中职生的就业要好于高职生，甚至好于本科生，但对于中职生来说，要想实现真正意义上的就好业、稳定就业也并非易事。所以，创业在一定程度上对个人有着很强的现实意义与价值。

（1）有利于缓解就业压力。成功的创业能够实现一个人的自我生存和自我发展。具备很强创业能力并付诸实践的创业者，不但不会成为社会的就业压力，相反还能通过自主创业为更多的人增加就业岗位，这也为缓解社会的就业压力做出了一定的贡献。

（2）有利于实现自我价值。对于中职学生来说，经过两年半的在校学习后，第六个学期就要进入企业进行顶岗实习，毕业后马上就能正式上岗工作。但是由于部分学生在选择专业时就是茫然不清的状态，学了一段时间后发现自己所在的专业并不是自己喜欢的，等到正式就业后所从事的工作内容也不是自己愿意做的。所以工作过程中，主观能动性很难发挥出来，这样不但不利于自身综合素质的提高，甚至会影响到前途命运，同时也会影响到所在企业的发展。

所以，在这种状态下，创业无疑是一种较好的选择。通过自主创业，学生可以把自己的兴趣爱好与职业紧密结合起来，可以充分调动自己的主观能动性，改

变心态，学会自主学习，独立思考，最大限度地发挥出自己的才能，从而在广大的社会舞台上大显身手。成功后既可以获得较丰厚的物质报酬，也可以收获较大的精神财富，既更好地实现了自我价值，也为社会的发展与进步贡献出了力量。

（3）有利于培养创新精神。创新是一个民族的灵魂，是一个国家兴旺发达的不竭动力。美国前总统里根曾说：“一个国家最珍贵的精神遗产就是创新，这是国家强大与繁荣的根源。”中职学生作为青年当中一支较有活力的群体，其创业活动，是培养自身勇于开拓的创新精神的有效途径。

（4）有利于培养积极的人生态度。创业还可以帮助我们确立正确的人生目标，树立起积极的人生态度。一方面创业可以增强自身的胆量，只有敢于去实践，才有成功的可能性。因为创业要直接接触并进入社会，创业者要对社会中各种现象、各类人以及各种问题有较全面、深入的认识，并在长期的适应过程中做到处之坦然、得心应手。另一方面创业所需的胆量是以一个人积极、乐观、坚强的人生态度为前提的。在面对困难、逆境时，只有以一颗顽强、乐观的心来面对，才能够渡过难关，不断超越自我，铸就精彩的人生。

4.2.2 创业对国家和社会的意义与价值

创业除了以上对个人的现实意义外，对国家及社会所产生的价值也不容忽视。创业企业是国家和地区经济发展中的重要组成部分，其活跃程度直接反映了这个国家和地区经济发展的活跃程度，其意义和价值主要体现在以下四个方面。

（1）创造物质财富与精神财富。和其他传统企业一样，新创型企业存在的前提也是为顾客创造价值，并取得合理的利润，也就是为社会大众不断创造出所需的物质财富和精神财富。这里所说的物质财富，可以理解为企业提供的产品与服务，为国家贡献的税收等；而精神财富可以理解为企业文化、创新精神等，比如说很多“中华老字号”企业，它们不仅有产品、有服务，为社会创造了可观的物质财富，同时它们也在传播和继承中华的传统文化，这又是一笔巨大的精神财富。

（2）促进劳动就业。作为一个人口大国，长期以来我国的就业压力一直很严峻，而创业成功的企业不仅为创业者本身解决了就业，也为更多的参与者提供了就业机会，所以创新创业是一条缓解就业压力的有效途径。

（3）提高国家和地区的自主创新能力。创业的本质是创造新的价值，即新创企业可以通过提供新产品、新工艺、新技术、新服务等方式为顾客创造新的价值。也就是说，新创企业实施创业的过程本身就是创新精神与创新能力在行动上的落实，这种经济活动能产生巨大的创造价值。

（4）促进我国经济增长方式的转变。当前，我国经济发展进入了“新常态”，调整产业结构，转变经济增长方式是当务之急。而创新创业可以让社会资源得到更为充分的利用，开辟更多的新市场，创造更多更高的价值，从而达到优化资源配置、优化产业结构、促进经济增长方式转变的效果。

4.2.3 创业精神

什么是创业精神？我们先来了解一下美国安利公司董事会主席史提夫·温安洛先生曾讲过的三个故事，看看他对创业精神的理解。

第一个故事讲的是发生在非洲象牙海岸一个小村庄里的事情。有一位先生，他有一部手机，有一天他发现了一个手机接收信号最好的地方。于是，他将这部手机固定在那个位置，并宣布小岛上的第一个公共电话亭成立了！听到这个消息后，许多人都来找他打电话，使他赚了不少钱。之后，他用赚的钱购买了小村庄里的第一台游戏机，正式做起游戏机生意。

“很多人都知道买和卖的概念，一个人、一部手机、一台游戏机和很多顾客，这位先生就是一名货真价实的创业者。”温安洛先生表示：“创业最基本的两个元素就是产品和顾客。”

第二个故事讲的是发生在格陵兰的事情。“在零下40摄氏度的气温里，总有一群群的狩猎者去捕猎海象。这些狩猎者会在一间小木屋里扎营，把海象肉分给伙伴和猎狗带回家中，但每一次他们都会在小木屋里面留下一些肉，这是给下一次进驻的猎人准备的。”

“懂得分享，在乎集体的成功，而绝不是独自拥有。”温安洛先生道出了创业精神的精髓：“只有分享成果，彼此扶持，团结在一起，才可以发挥最大的力量。”

第三个故事讲的是温安洛先生的亲身经历。在他12岁那年，父亲带着他们一家6人到美国西部寻找机会，“当时坐的车是一辆有10吨重、铁皮打造的小巴。”在前进的路上，一座摇摇欲坠的桥横跨陡峭的峡谷。“父亲是工程师，我们很信任他，但那座桥破旧得似乎能被一只停在上面的苍蝇压垮。”父亲停下车，查看了一下地形，他将车倒退了100米，然后加足马力，全力以赴地飞跃了那座破桥，温安洛自信地说：“创业是要冒险的，当然前提是盘算清楚，一旦决定，就要加快速度，勇往直前。”

通过上面三个故事，我们再来系统地归纳一下创业精神。

4.2.3.1 创业精神的含义

创业精神这一概念自18世纪出现以来，其含义一直在不断地变化。到目前为止，广义的创业精神我们可以理解为一种能够持续创新成长的生命力，即以有限的资源追求无限的理想。一般可以分为组织的创业精神和个体的创业精神。其中个体的创业精神是指以个人的力量，为了个人的愿景，去从事创新活动，进而创造出一个新的企业，具体可以表现为勇于创新、敢当风险、坚持不懈和团结合作等。

创业精神的内涵可以从哲学层面、心理学层面和行为学层面三个角度去理解。在哲学层面，创业精神是人们对创业行为在思想、观念上的理性认识；在心理学层面，创新精神是创业者在创业过程中体现出的个性、意志等心理基础；在行为学层面，创业精神是创业者在创业行为中所表现出的作风、品质等行为模式。

总体而言，创业精神是创业者个体素质的综合呈现，它集中体现了创业者在创新、激情、想象力、冒险、合作、踏实、坚持、远见、谦卑、容忍失败等方面的优秀品质，是助推创业者进行创业活动的重要力量。这些品质可以让创业者先于别人发现消费者的需求以及市场的变化趋势，对新技术有着更强的转化能力，可以更早地创新推出新产品和新服务等。需要注意的是，创业精神并不是某些创业者天生的，它是可以传递、培养的，只要肯努力，方法正确，再加上不断实践，我们每个人都有可能具备这些优秀的品质并取得成就。

4.2.3.2 创业精神的特征

了解创业精神的特征，能够使我们培养自身创业精神的过程更有针对性。综观各个学派、各方人士对创业精神的理解，它的特征可以归纳为以下几个方面。

（1）时代性。创业精神与时代有一定的互动性，即不同时代的人们所面对的是不同的物质生活和精神生活条件，创业精神的物质基础和精神营养也随之不同，这致使创业精神的具体内容也会出现一定的差别。例如我们所熟悉的温州人的创业精神，在20世纪80年代，它被人总结为“四千”精神，即走遍千山万水、历尽千辛万苦、说了千言万语、想出千方百计；到了90年代温州人的创业精神又被人们概括为“四自”精神，即自力改革、自担风险、自强不息、自求发展。

（2）地域性。地域不同，经济发展的环境也各具特点。例如与温州人的创业精神不同的是，在作为改革开放前沿的广东、深圳等地，人们的创业精神就更加突出敢为天下先、开放兼容和独立自主等特点。

（3）综合性。创业精神是由多种精神特质综合作用而成的，例如创新精神、进取精神、合作精神等。

（4）普遍性。创业精神作为一种人的精神特质、一种价值追求，它体现在社会生活的方方面面与各行各业之中，任何阶层的人都有可能进行创业。这说明了创业活动的普遍性以及创业精神的普遍性。

4.2.3.3 创业精神的功能

创业精神作为一种积极的思想观念和精神特质，对个人的进步和社会的发展都具有积极的推动作用。对于个人，它可以决定其职业生涯发展的态度、发展的高度以及发展的速度；对于社会，它是一个国家经济发展的原动力，是解决就业问题的重要措施，也是促进科技成果产生和转化的根本动力。所以我们国家目前积极倡导创业精神、倡导知识经济、倡导发展高科技，这是提高国民经济综合实力，实现跨越式发展的迫切要求，同时也是应对国际竞争、确保中华民族始终立于不败之地的战略抉择。

名人名言

勤劳致富是千古不变的真理。无论当学徒还是做老板，一样要拼、要搏、要奋斗。一件任务交给我，不管多么困难，我都要把它做好。工作是我最大的兴趣，勤劳是我创业的源头。

——陈绍良

4.3　中职生创业的优势与面临的问题

当前我国经济正处于迅速发展的时期，各行各业都需要一批具有创业意识和创业能力的优秀创业者。越来越多的中职生走上了自主创业的道路，他们勇于创业，敢于创业，开创了属于他们自己的成功之路。

4.3.1　中职生创业的优势

（1）知识优势。中职生在校期间接受了文化课和专业课的系统学习，具有较好的知识基础，同时专业方向较明确，掌握一定的专业技能，对企业的生产组织流程有着初步的认识。所以这些知识储备和技能资源可以称得上是中职生创业的最大优势，如电子商务知识、计算机网络知识等。

（2）活力优势。中职生毕业时大多十八九岁，属于年轻、精力充沛、敢于拼搏、并且没有太重负担的一个群体。他们进入社会后，适应能力强，能够不畏风险将自己的想法大胆实践。

（3）创意优势。中职生有较强的领悟力，具备一定的自主学习能力，且善于接受新事物。思维活跃、创意新颖，能将所学的知识很快内化为能力，外化为创造。创意就意味着创新，一个成功的创业者一定具有独立性、求异性、想象性、新颖性、灵感性、敏锐性等人格特质。创意能力是影响创业实践的重要特质，是促使创业实践活动顺利进行的首要条件，主要包括在专业、经营管理等方面的创意，是创业基本素质的重要组成部分之一。

除了以上较明显的优势外，中职生还具有策划、组织、领导、管理、公关等方面的潜在优质，经过创业的实践，这些能力都将逐渐显现出来。

需要注意的是：不用心学习和训练，所有优势将荡然无存。

4.3.2　中职生创业所面临的问题

（1）对国家的创业扶持政策知之甚少。由于对中职学生创业的宣传不到位，学生对国家政策中扶助创业的具体内容不甚了解。另外，一些有创业意向的学生需要办理一些相关注册手续时，不知从何下手，也不知哪一项有优惠政策，一头雾水。

（2）选择创业项目较困难。中职学生从小学到中职毕业的这段时间，他们的活动空间几乎局限于家庭和学校，他们的社交圈也仅限于亲人、老师、同学，对社会了解不够，同学们想创业，但在创业项目、创业方向的选择上还是感到比较困难与迷茫，即使有同学选择了创业之路，但这条路不一定走得长远。

（3）难以发挥专业知识。很多自主创业的中职学生所选择的项目都与本专业联系较少，而从事非专业对口创业的占绝大部分，如选择餐饮、营销、代理等服务行业，因为服务行业投资少、易入行。

（4）缺少经验。创业是一种整体的、综合素质的挑战，由于中职学生的活动范围有限，与社会接触少，在处理社会事务时，难免眼光有限，欠考虑。很多同学在创业过程中容易“眼高手低”，最终导致失败。所以想要自主创业的同学应从想要从事的行业的基层做起，工作两三年对这个行业熟悉之后，具备一定基础和经验再去开始自己的创业之路。

（5）缺乏创业资金。创业并不是仅凭热情就能完成的社会实践活动，需要雄厚的物质基础作为支撑，资金不足是当前学生创业者遇到的最头痛的问题。因为读书的几年，几乎都是家里资助学费，很多学生都表示毕业后创业，不愿再找家里要钱，要靠白手起家，虽然国家有小额贷款扶持，但与学生们想在心仪的专业上创业，相差甚远，很多有创业念头的学生因缺乏启动资金停止了创业脚步。

那么，面对以上这些困难，中职生该如何迈出自己创业的第一步呢？不妨先读一读下面的案例故事。

【案例 4-2】

男生小王，因为家境不好在初中毕业时选择进入了一所中职院校学习计算机。在校期间他努力学习，成绩一直较好，多次获得学校的奖学金。在入学之初，他就给自己规划发展蓝图，毕业之后一定要开一家自己的公司。为了实现自己的梦想，他还利用课余时间学习了相关专业知识，为以后的创业打下基础。临近毕业时他并没有直接去创业，而是选择了在一家电脑公司实习。他从最底层的工作做起，熟悉工作中的每个环节。他由于勤快肯干，顺利通过了实习成为公司一名正式员工。在工作中，他不断积累自己的经验，并且省吃俭用累积资金。两年后，他觉得时机已经成熟，辞去工作后拿出所有的积蓄，又向亲朋好友借了一些，创办了一家电脑公司，开始了自己的创业历程。刚开始公司只有3个人，所有事情都要从头做起。他先是卖组装电脑，代理各种电脑附件，联系网吧和一些小公司，为他们组建和维护网络。凭着过硬的技术和良好的信誉，公司开始逐步走上正轨。经过两年发展他的公司已经增加到6名员工，不仅还清了之前的借款，而且每个月的营业额除了能够维持日常运作，还有部分盈余。

从案例4-2可以看出，如果中职生有创业的想法，一定要做到勤奋、务实，在校期间可多注意对专业知识和创业知识的学习，毕业后如果想创业，可以不必急于一时，可先像小王一样，到相关的职场中去磨炼一番，顺便好好学习一下企业的技术经验和管理制度。之后自己真正创业时，若缺乏资金，可以先从小的投资开始，不断积累经验和资金，逐步向成功过渡。

名人名言

我认为做企业要有这些素质，特别在中国市场上，那就是：诗人的想象力、科学家的敏锐、哲学家的头脑、战略家的本领。

——宗庆后

思考与练习

一、单选题

（1）下列选项中，对于创新创业表述正确的是（　　）。

A 它对国民经济的发展、国家的富强、人民的富裕都有重要意义

B 它只对国民经济的发展具有重要意义

C 它只对国家的富强具有重要意义

D 它只对人民的富裕具有重要意义

（2）下列选项中，对于创业的定义理解不正确的是（　　）。

A 创业是从发现和捕捉机会开始的

B 创业是创造出当下人们所急需的新产品或新服务的过程

C 创业成功后只能为创业者带来金钱上的满足，其个人精神不会受到影响

D 创业可实现创业者的自主发展

（3）下列选项中，表述错误的是（　　）。

A 创业者是创业活动的中心

B 创业者本身的个性与心理特质对创业的成败有一定的影响

C 创业需要创业者付出大量的时间和极大的努力

D 创业初期需要增加勇气和能力，不需要了解创业风险

（4）荷兰经济学家克里斯琴·格罗路斯等人依照创业对市场和个人的影响程度，把创业分为四种基本类型。下列选项中不属于该分类的是（　　）。

A 复制型

B 模仿型

C 安定型

D 闯荡型

（5）某人原先担任某食品公司部门经理，后来他自行离职，创建了一家与原公司相似的新食品公司，并且经营风格基本与原公司相同。这属于（　　）型创业。

A 复制型

B 安定型

C 业务型

D 生存型

（6）企业内部的研发小组在开发完成一项新产品后，继续在该公司开发另一种新产品，这属于（　　）型创业。

A 复制型

B 安定型

C 业务型

D 闯荡型

(7) 下列关于创业精神的表述中，错误的是（　　）。

A 创业精神是创业者个体素质的综合呈现

B 创业精神集中体现了创业者在创新、激情、想象力等方面的优秀品质

C 创业精神是创业者天生的品质

D 创业精神是助推创业者进行创业活动的重要力量

(8) 下列选项中，不属于创业精神特征的是（　　）。

A 时代性特征

B 地域性特征

C 综合性特征

D 罕见性特征

(9) 下列选项中，不属于中职生就业优势的是（　　）。

A 实践优势

B 知识优势

C 创业优势

D 活力优势

(10) 下列选项中，说法正确的是（　　）。

A 中职生学习成绩都很差，创业时不具备知识优势

B 中职生不具备自主学习能力

C 中职生的创业经验丰富

D 中职生如果不用心学习和训练，所有优势将荡然无存

二、多选题

(1) 如果市场中的创业活动较活跃，会产生的结果有（　　）。

A 可催生大量的中小企业

B 可以促进技术的创新、变革

C 可以大量解决就业问题

D 会导致市场的混乱

(2) 下列选项中，属于创业对个人的现实意义与价值的是（　　）。

A 有利于缓解学生的就业压力

B 有利于实现自我价值

C 有利于培养创新精神

D 有利于培养积极的人生态度

（3）创业的特征包括（　　）。

A 创业可以创造出具有“更多价值的”新产品和新服务

B 创业过程需要投入大量的时间，付出极大的努力

C 不可避免地要承担来自财务、精神、社会及家庭等方面的风险

D 创业成功后可获得较丰厚的物质回报，并能实现更大程度的自主发展，创业者的内心能体会到更大的个人满足感

（4）下列属于“生存型”创业的是（　　）。

A 没有了土地进入城市的农民的创业

B 单位不景气被迫下岗的工人的创业

C 事业单位的工作人员辞职“下海”所进行的创业

D 毕业后找不到工作的大学生的创业

（5）创业对国家和社会的意义和价值有（　　）。

A 创造物质财富与精神财富

B 可以促进劳动就业

C 可以促进我国经济增长方式的转变

D 可以提高国家和地区的自主创新能力

三、思考题

（1）什么是创业，创业的基本要素有哪些？

（2）创业的类型有哪些，各自的特点是什么？

（3）对于中职生来说创业的意义和价值是什么？

（4）什么是创业精神？试着总结出创业精神的内涵。

（5）中职生有哪些创业优势？

（6）中职生创业面临着哪些问题？

5 创业准备与创业团队

5.1 创业准备

5.1.1 创业者的自身条件准备

当今时代，创业已经成为一种潮流和趋势。创业者们在自己的职业生涯里积极向上，有梦想、有魄力，敢于将自己的想法付诸行动，清楚自己内心的需求，能够为了实现自己的追求而不断努力，这些都是值得我们去尊重的和学习的。那么要想成为成功的创业者，我们需要做什么准备呢?

（1）要有明确的理想和坚定的信念。一个成功的创业者内心一定要有强烈的需求，并且头脑清晰、目标明确。比如想拥有比一般工薪阶层更多的财富，想让家人过得更好，想得到别人的尊重等。而要将这些实现，创业者还要具备无比坚定的信念，也就是坚信自己的创业一定能够取得成功，同时有不怕吃苦的思想准备和不畏挫折、勇往直前的勇气，这样才能在遇到任何困难与阻碍时，充分发挥主观能动性使问题得到解决。

（2）要有良好的意志品质和创业的胆量。对中职生来说，创业之路并不平坦。要想获得成功就必须养成不怕吃苦的坚韧品格，培养自己不畏挫折、勇往直前的勇气，同时在实践中不断培养自己的忍耐力、冒险精神和旺盛的斗志。遇到好的创业机会时，一定要敢想敢干，不要畏首畏尾，否则会将好的时机错过。这样才能走出一条属于自己的成功之路。

（3）要有宽阔的眼界和精准的定位。创业活动需要高水平的“谋”和“断”，广博的见识、开阔的眼界，可以很有效地拉近自己与成功的距离，使创业过程少走弯路。而具备广博的见识和开阔的眼界的前提不仅仅是扎实的专业知识、丰富的管理和经营经验，更重要的是能够把握创业所面临的复杂形势和外部各种条件的变化，抓住影响自己企业发展的全局性、根本性和长远性的问题，从而对发展战略进行精准定位。一旦定位精准了，创业距离成功也就更近了一步。

（4）要有拓展资源的能力。创业者本身自带的资源分为两种，一种是以创业者所具有的生产资料、知识技能等构成的内在资源，另一种是“人脉”资源，“人脉”资源可以帮助创业者在创业过程中有效构建起其所需的人际网络或社会网络。所以说，创业者不仅要丰富自己的知识结构、提高自身的综合素质，而且要善于与他人、与外界沟通，善于捕捉各种有用的信息，努力扩大自身资源的数量和质量。

（5）要懂得与他人分享。一个不懂得与他人分享的创业者，是不可能将事业做大的。美国心理学家马斯洛曾提出过需要层次理论，即人最高层次的需要是自我实现。因此作为创业者要做到关注员工的需求，满足职工不同层次的需要，激励员工怀有热情做更多的事、赚更多的钱、做更大的贡献。另外，要处理好竞争与合作的关系，因为对创业者来说，有时合作比竞争更重要，有了合作才能达到“双赢”，才能把自己的事业做大。

（6）要有良好的信誉和人品。创业者刚开始创业时，由于经营规模较小，所以商业信誉度在人们看来不会很高。这时，就要用创业者个人的信誉和人品来担保，只有这样，别人才愿意并敢于合作。人们对创业者个人建立信任后，才可能相信其事业和产品。

（7）要经常自我反省。反省其实是一种提升自我的能力。创业是一个不断摸索的过程，创业者在创业过程中难免出现这样或那样的错误。而反省的过程，就是创业者发现错误、改正错误、提升自我的过程。所以是否具有自我反省的能力，是否具备自我反省的精神，决定了创业者的创业之路能否走得更为顺畅。

5.1.2 创业外部条件的准备

一个想创业成功的人，只要去用心体会大众的需求，尤其是新的需求，就会发现创业的机会。但在正式创业实践之前，创业者除了具备以上的自身条件外，还需要具备必要的外部条件，归纳起来有以下几个方面。

（1）创业资金。创业需要启动资金，这是必不可少的，这也是每个创业者比较难解决的问题。没有充足的资金创业活动就会举步维艰。所以一旦下定创业决心后，创业者一定要考虑好自己的资金能否支持创业初期的一段时间。

（2）创业团队。如果一个人单枪匹马地去创业，事业的发展会有很强的局限性，也很难有较大的作为，最多是很好地解决了生存与生活的问题。所以要想成就自己的一番事业，创业之前有必要组建一个志同道合的优秀团队，之后大家合理分工，齐心合力打拼事业。

（3）创业人脉。人脉是创业过程中的重要因素，尤其对白手起家的创业者来说，更为重要。广博的人脉能够在一定程度上有效降低创业的难度。有了活络丰沛的人际网络后，创业者不但可避免举步维艰的窘境，而且还能增加各种机会。除了亲朋好友外，同学、同行或非同行的人，都可以是建立人脉的对象。

（4）创业时机。市场环境变动迅速，要从多变的时局中及时地掌握时机，就要关注市场，注意观察、分析其变动趋势。平时努力学习，增强专业知识与技能，同时时刻搜集各种相关的信息，这样一旦市场需要，就积极投入，抢先抓住时机。

（5）各方支持。创业之前需要和父母、家人以及相关的亲友说明情况，以获得他们在物质、精神、人脉关系等方面的支持，这对初次创业者来说也是极为关键的助力。

名人名言

任何时候做任何事，定最好的计划，尽最大的努力，作最坏的准备。

——李想

5.2 创业团队

“众人拾柴火焰高”、“三个臭皮匠顶个诸葛亮”，这些古话都说明了团队的重要性。创业之初，新企业可能只是为创业者自身或者几个亲朋好友提供了就业机会，发展有限；但这个新企业也有可能会成为一个具有较高发展潜力的企业。前后两种情况之间的区别就在于这个企业是否具备一支高质量的创业团队。所以若想把企业不断做大做强，优秀的团队是必不可少的要素。那么什么是创业团队，如何组建团队并进行有效的管理呢？

5.2.1 创业团队的概念

创业团队是指在创业初期，由一群才能互补、责任共担、愿为共同创业目标奋斗的人组成的工作团队。按其成员构成的不同，又有狭义和广义之分。狭义的创业团队是指新企业的合伙人团队，他们有着共同的奋斗目标，在创业过程中会共同承担责任与风险，并共同分享创业收益，其中每个人的受教育程度、前期创业经历、相关生产经验和社会关系等资源均是新企业发展最有价值的资源。广义的创业团队不仅仅包含合伙人，还要包括与创业过程相关的各种利益相关者，比如贷款方、投资者或者董事会成员等。

5.2.2 创业团队的作用

创业可以个体进行，也可以组成创业团队后进行团队创业，前者优势是自主性强，需要协调的矛盾少，但能力、资源、智慧等都非常有限，在当前科技发展日新月异，市场竞争也越来越激烈的环境下不利于创业成功。而在此背景之下，团队创业越来越能凸显出优势。据国内有关研究显示，60%以上的创业活动都是以团队形式开展的。国外也有研究表明，在高成长的企业当中，80%左右的初次创业企业是以团队创业的形式开展的。所以，不难看出团队创业确实比个体创业更具有优势，能在创业过程中发挥出更大的作用。

新企业在刚刚建立的时候，往往处于资金少、客户少的状态。若是个体创业，创业者一个人的能力、资金和社会关系资源等毕竟有限。若是创业团队，它则可以把所有成员的资金、能力和社会关系资源进行整合，其效果会比一个人的时候增加数倍。所以这可以有效助推企业的快速发展。

另外，对于现代企业来说，越早抢占市场就越能够在市场中立于不败之地。所以，一支好的创业团队将对新企业的成功起到举足轻重的作用。尤其在新企业遇到难关时，创业团队的凝聚力、合作精神、立足长远目标的敬业精神都会帮助其尽快渡过难关。团队成员之间的互补和协调，对新企业也可以起到降低管理风险、提高管理水平的作用，从而加快企业成长的步伐。

5.2.3 创业团队成员的选择

一个好汉三个帮，人越多力量越大、资源越多，智慧也能越强。然而，人多也有不利的一面，比如可能会引起更多的利益纷争、矛盾和冲突等，需要花费更多的时间去进行协调与沟通等。那么我们该怎么办呢？首先要肯定的是，创业团队是非常有必要建立的，但一定要注意选择好的团队成员。因为找到好的团队成员，就等于创业准备工作做好了一半。若团队成员选择不当的话，创业很有可能会以失败告终。归纳起来创业团队成员容易产生分裂的有以下三个关键阶段。

（1）创业还未成功，创业成员之间就开始争抢利益的多少，经常因为我吃亏了、你占便宜了等等出现矛盾。

（2）创业刚刚有起色之时，成员间就开始你争我夺，都想得到更多的管理权力，所以导致创业失败。

（3）当企业开始赢利，正面临成长时，个别成员开始闹纷争，打得你死我活，不把心思全部放在企业的经营和发展上，最后创业失败。

所以很多创业者失败都是败在创业团队成员之间的内讧上。那么，我们应该如何选择创业团队的成员呢？主要应注意以下几点。

（1）选择彼此了解的人作为创业团队成员。因为彼此之间的优点、缺点都较为清楚，做事时交流、沟通容易，不会为相互了解磨合而花费太多的精力，也能避免一些误解、猜忌的产生。

（2）选择不斤斤计较的人作为创业团队成员。因为创业时，即使是亲兄弟团队，若有一方过分计较，创业也干不长，更不要说成功。创业初期最需要的是模糊学，有个大概的框架原则即可，许多问题会在创业推进过程中逐步消化解决。而很多创业者奉行“明算账”的哲学，这对创业团队来说，是最大的伤害。

（3）选择文化、价值观等较接近的人作为创业团队成员。比如有三个兄弟一起创业，老大去美国留学工作多年，留美工作期间就和弟弟们一同创业，他负责从美国引进资源，两个弟弟负责国内的市场经营，本来事业进行的不错，但老大回国后，不到半年的时间就和两个兄弟打了起来，把好端端的事业给闹散了。

这里创业失败的主要原因就是三兄弟之间在文化、价值观上的差异太大，所以大家做事的思维和行为习惯等差异也比较大，容易起纷争。当纷争到一定程度时，再好的感情基础也会土崩瓦解，最后导致创业失败。

5.2.4 创业团队的组建

5.2.4.1 组建创业团队的步骤

组建创业团队的过程可以分成以下几个步骤。

（1）在确定好创业项目后，需要根据该项目的运转需求来制定创业团队的人员组成标准。创业者在对自身的优势和劣势进行全面分析后，明确自己针对该项目，已经具备了哪些能力和资源，还欠缺哪些能力和资源，从而去选择那些拥有这些能力和资源的人来组成创业团队。但选择时还要把人品好坏作为一条重要标准。

（2）根据制定好的标准去选择创业伙伴。此时创业者可以一边对自己的创业设想进行宣传，一边制定出一份详细的创业计划书。这样不但可以帮助创业者理清创业思路，还可以更好地吸引创业伙伴。

（3）确定合作的方式。在选择好创业伙伴之后，所有成员还要根据创业计划来明确责任与分工、利益与分配的方法、以及团队的决策机制和矛盾处理机制等。这能有效激励团队成员为了共同的目标而持续努力，同时对各种风险与冲突做好预警措施。

5.2.4.2 创业团队容易出现的问题

学生自主创业企业中有多半的创业团队会因各种问题大约在 5 年之后解散，另有一部分的创业团队虽没有解散，但其成员会更换一半以上。总结起来，导致团队结构不稳定，阻碍团队发展的问题主要有以下几方面。

（1）创业实践初期资金比较缺乏。学生创业团队成员由于刚刚毕业，他们走出校门后直接步入社会，几乎没有什么积蓄资金，创业所需的资金多数情况是分摊到每个创业成员身上，然后再各自想办法解决，资金十分有限。而资金的有限就导致了在创业项目选择上的局限性。多数情况下学生创业者只能考虑那些资金投入少，容易实施的项目。同时紧张的资金现状对企业的正常运转、顺利发展也会埋下隐患。另外若团队每个人根据自身经济状况投入的是不同比例的资金，也为后面的利益分配矛盾埋下了伏笔。

（2）企业发展过程中创业团队出现一系列内部矛盾。

团队成员之间由于存在性格等方面的差异，所以处理问题时往往会出现分歧，如果沟通不畅便会导致矛盾冲突的出现。在刚刚组建创业团队时，学生创业者大多会选择自己熟悉的同学或者朋友来共同创业，彼此之间的了解能够使创业团队在短期内保持一定的凝聚力。但由于在建立初期缺少明确的目标，对各个岗位的权限和职责划分不明确，随着企业的发展壮大，团队成员之间因为意见不合，很容易在沟通和工作上产生矛盾摩擦，从而导致企业的发展受到阻碍。

（3）创业团队成员的能力不能满足成长后企业的需求。在创业初期，团队成员都能充满斗志，敢拼敢闯，但随着企业的不断发展，遇到的问题越来越多，成员们自身的意志就会受到影响。另外，由于学生可以利用的社会资源有限，社会经验相对匮乏，随着企业规模的扩大，成员们在学校学到的专业知识已经不能满足企业发展的需要了，企业发展陷入瓶颈期。所以这两方面的因素最终会导致创业团队缺少后续发展的能力，致使企业停滞不前甚至走向失败。

（4）没有科学合理的管理制度而引发矛盾。管理制度缺失也是引发创业团队矛盾冲突的一个重要因素。由于创业团队大多数基于良好的人际关系而组建，便忽视了很多企业制度的建立。比如团队成员的分工表面上很清楚，但没有制定相关的奖惩措施，这就导致了权利和责任的不明确，一旦出现问题时，团队成员之间会很容易因为某件事情责任不清而引发矛盾冲突。

（5）初期利润分配方案不明导致后期发生矛盾争执。在企业发展初期，由于资金缺乏等原因，大多数创业团队或是没有考虑，或者是碍于面子，总之没有明确制定出企业发展成功后具体的利润分配方案。等到项目做大做强了，明显有了较好的获利之后，团队成员会因为利润的分配没有达到自己的要求而引发争执，继而引起其他更大的矛盾。

针对以上学生创业团队可能出现的问题，我们该如何应对呢？

（1）对于初期资金缺乏问题，各创业团队成员可以重点关注一下本市对中青年创业有哪些支持政策，比如在银行的小额贷款方面、在创业后税收优惠等方面等，从而找到充足的资金，或者减少资金的支出。

（2）在合理解决创业团队矛盾纷争方面，企业要构建起有效的团队沟通交流机制。因为沟通是一切行为的基础，有效的沟通能使工作目标、工作方法以及正在解决的问题更加清晰化，有助于统一思想，上下达成共识，既可增强成员之间的感情，又有助于团队目标的实现。而建立有效团队沟通机制就是要建立明确的纵向与横向的沟通制度，比如员工岗位制度、例会制度等，让团队中的每名成员都能清楚自己在工作中应该向谁负责。在沟通形式上，可设立公示栏、召开定期的例会，借助电子回邮件、微信等沟通工具等，从而使各管理人员和全体团队成员能够及时了解企业的动态。

（3）在能力提高方面，每个成员在创业项目实施后都要根据企业发展的需求，不断学习，勤于沟通，使自己与伙伴的创业能力与创新能力均得到持续性提高。为了实现这一点，创业者可以在团队内部，首先制定好团队宗旨、企业章程、工作流程等基础制度，有了这些内容指引，各成员在学习过程中就会更有针对性。同时，创业者还要通过制度建设，使企业内形成良好的学习氛围，构建起学习和培训体系，形成知识共享与交换的平台，要把学习和创新作为团队的核心理念进行打造，从而提高团队知识积累与经验共享的效率。最后还要根据项目需求，设定标杆，引导团队成员学习相关的先进生产、管理等技术，从而引领整个团队的学习能力与创新能力得到提升。

（4）对于利润分配问题，创业者应该以法律文本的形式确立一个清晰的利润分配方案。原则上应根据团队成员对企业做出的贡献大小，给予不同的回报，并且在不同的发展阶段，尤其是团队成员业绩发生较大的变化时应及时更新报酬制度，以实现相对的公平，从而使团队成员时时得到激励，能够保持热情为创业不断贡献力量。

总之，没有规矩，不成方圆。要想创业团队发挥出理想的作用，避免或者减少创业团队可能出现的问题，创业者就必须制定出一套目标明确、定位科学、发展思路清晰的团队管理章程，通过章程明确创业团队的工作目标、团队成员组成、成员的分工，以及工作过程中的奖惩措施。同时要保证在执行的过程中任何人都要遵守团队管理章程及相关管理制度，不能出现例外，一旦发现谁有违规乱纪现象都要在企业内部给予通报批评，并且给予一定的处罚，以促进创业团队稳定良好发展。

名人名言

创业要找最合适的人，不一定要找最成功的人！

——马云

思考与练习

一、单选题

(1) 下列选项中，说法错误的是（　　）。

A 创业者要有良好的意志品质和创业的胆量

B 创业者要有拓展资源的能力

C 创业者要时刻提醒自己占有最大利益，不必考虑竞争对手的利益

D 创业者要有良好的信誉和人品

(2) 下列选项中，关于反省的说法错误的是（　　）。

A 反省是一种提升自我的能力

B 反省的过程就是创业者发现错误、改正错误、提升自我的过程

C 是否具备反省的精神，决定了创业者的创业之路能否走得更为顺畅

D 经常反省会使创业者变得优柔寡断

(3) 下列选项中，不属于创业外部条件的是（　　）。

A 创业者的人品

B 创业团队

C 创业人脉

D 创业资金

(4) 下列选项中，对创业团队的理解错误的是（　　）。

A 创业团队是指在创业初期，由一群才能互补、责任共担、愿为共同创业目标奋斗的人组成的工作团队

B 创业团队有狭义和广义之分

C 创业团队中每个人的受教育程度、前期创业经历等与现在的创业活动无关

D 贷款方、投资者可以纳入广义的创业团队内容

（5）选择彼此了解的人作为创业团队成员，好处不包括（　　）。

A 对彼此之间的优点、缺点都较为清楚，交流、沟通容易

B 不会为相互了解磨合而花费太多精力

C 可以避免一些误解、猜忌的产生

D 可以保证创业一定能够取得成功

（6）在确定好创业项目后，需要根据项目的运转需求来制定创业团队的人员组成标准，这一过程所包含的内容不包括（　　）。

A 创业者对自身的优势和劣势进行全面分析

B 明确针对该项目创业者本身具备了哪些能力和资源，还欠缺哪些能力和资源

C 把人品好坏作为一条选择创业团队成员的重要标准

D 把拥有资金的多少作为选择创业团队成员的第一标准

（7）组建创业团队时，创业者制定一份详细的创业计划书作用是（　　）。

A 既可以帮助创业者理清创业思路，又可以更好地吸引创业伙伴

B 完成创业团队的组建

C 促进团队成员之间的熟悉与了解

D 统一团队成员的世界观和价值观

（8）若创业实践初期资金比较缺乏，会导致的问题不包括（　　）。

A 创业项目的选择具有局限性

B 对企业的正常运转、顺利发展埋下隐患

C 导致创业责任与分工不明确

D 若团队每个人根据自身经济状况投入的是不同比例的资金，可能会为后面的利益分配矛盾埋下伏笔

（9）下列说法中，关于阻碍团队发展的主要问题表述错误的是（　　）。

A 创业实践初期资金比较缺乏会影响创业活动的开展

B 团队成员之间的性格差异，可能会导致处理问题时出现分析

C 随着企业规模的扩大，成员们在学校学到的专业知识依然能够满足企业发展的需要

D 没有科学合理的管理制度会引发创业团队发生矛盾冲突

(10) 针对利润分配问题，正确的说法是（　　）。

A 团队成员之间不能太斤斤计较，一切听从老板的

B 在利润分配时，必须做到人人均等

C 按投资的金额定，谁投资多，谁就应该分的多

D 应该以法律文本的形式确立一个清晰的分配方案，并严格执行

二、多选题

(1) 下列选项中，属于成功的创业者需要具备的素质的是（　　）。

A 要有明确的理想和坚定的信念

B 要有良好的意志品质和创业的胆量

C 要有宽阔的眼界和精准的定位

D 要有拓展资源的能力

(2) 下列选项中，关于创业团队的作用说法正确的是（　　）。

A 良好的创业团队会比个体更具有优势

B 创业团队可以把所有成员的资金、能力和社会关系资源进行整合，助推企业的发展

C 一支好的创业团队将对新企业的成功起到举足轻重的作用

D 团队成员之间的互补和协调，对新企业可以起到降低管理风险和提高管理水平的作用

(3) 在选择创业团队成员时，应注意（　　）。

A 选择彼此了解的人成为创业团队成员

B 选择不斤斤计较的人作为创业团队成员

C 选择文化、价值观等较接近的人作为创业团队成员

D 尽量选择自己的亲戚朋友作为创业团队成员

(4) 组建创业团队的过程可以分成（　　）几个步骤。

A 根据项目的运转需求制定团队的人员组成标准

B 根据定好的标准去选择创业伙伴

C 确定合作的地点

D 确定合作的方式

(5) 确定创业团队成员的合作方式时，需要做的事情包括（ ）。

A 根据创业计划来明确责任与分工

B 明确利益与分配方法

C 明确团队的决策机制和矛盾处理机制

D 对各种风险与冲突做好预警措施

三、思考题

(1) 列举自己所具备的创业素质。

(2) 结合自身情况，谈谈自己是否具备五个创业的外部条件。

(3) 你所认识的人中有没有创业成功的？讲一讲他的经历。

(4) 你认为创业团队重要吗？为什么？

6 创业机会与创业风险

6.1 创业机会

【案例 6-1】

胡玮炜，摩拜创始人，从 2014 年底有了摩拜单车的想法到 2015 年初注册成立公司，两年时间里，她投入了大量的精力，找投资、建工厂、组建研发团队，终于生产出一款智能共享单车。

2014 年，爱好骑行的戴威在宿舍里完成了 ofo 域名的注册，并且与其团队正式掀开人生中创业的篇章。他的创业的初衷很简单，用戴威自己的话来说，“我们做的是骑行旅游，因为我们自己特别爱骑车，骑了很多长途线路，希望能够让更多的朋友感受到骑行的乐趣。”

6.1.1 创业机会的含义

创业机会是指具有较强吸引力、较为持久的有利于创业的商业机会，创业者据此可以为客户提供有价值的产品或服务，并且能够获取利益和利润。

党的十八大明确提出实施创新驱动发展战略，国务院颁布了《关于大力推进大众创业万众创新若干措施的意见》。时下不管是行业精英还是街头市民，大家都在谈论创业，都在寻找创业机会。

当下全球经济发展趋缓就业难的形势依然严峻，职业院校学生放弃了打工就业，从做小生意开始寻找创业之门。有的大学生自身实力强劲，他们很早就有创业梦，不想为别人打工，就想自己当老板，他们在上学时就开始了创业尝试。

【案例 6-2】

小华是某职校电商专业学生，她的父亲承包了村里的核桃园。看到父亲辛苦一年种植的核桃由于销路不畅而滞销在家里，卖不出去，小华很是郁闷。

于是小华跟专业老师谈了自己想利用微信平台帮助父亲卖核桃的想法。老师非常支持小华，帮助小华申请了公众号，帮助父亲卖核桃。很快小华父亲的核桃全都卖出去了。小华用自己的电商知识和电商技能帮助父亲把核桃卖出去，乡亲们看到，羡慕不已。

小华毕业后回到家乡建起了核桃销售服务站，后来小华扩充了销售服务品，并将服务站更名为家乡农产品销售服务站，通过开设的淘宝店、微店，为家乡的农产品打开了销售渠道。乡亲们种植的小米、苹果通过小华的服务站销售到了全国各地。小华的父亲和乡亲们再也不用推着小车到街道去叫卖，更不用担心自己的农产品滞销在家里了。

想一想，议一议：

（1）小华是如何寻找创业机会的？

（2）结合自己的实际谈谈你是否想创业，寻找自己身边的创业机会？

6.1.2 创业机会的来源

创业机会对创业者来说至关重要，及时地发掘机会、正确地评估机会以及牢牢地把握机会是创业的关键。所以中职生若想创业成功，首先应掌握寻找创业机会的方法。创业机会对每一个人来说都是均等的，但不是每一个人都能发掘的。在现实中，创业机会的来源主要有三个方面：

（1）针对现有的产品与服务，重新设计改良，这种方式比创造一个全新的商业模式要容易，关键的是要善于发掘消费者的潜在需求。

（2）跟随市场的新趋势新潮流，如电子商务与互联网的出现，给相关产品与服务带来了大量的创业机会，这时就要看你能否敏锐地发现商机。

（3）通过系统研究发现创业机会。例如通过分析产业与市场结构系统，在国营企业民营化与公共部门产业开放市场自由竞争的趋势中，可以从交通、电信、能源产业里发掘创业机会。

6.1.3 识别创业机会

创业机会识别是创业的基础和出发点，是创业研究的核心领域之一。

6.1.3.1 创业机会的特征

有的同学非常喜欢小朋友，想创办一家幼儿园；有的同学喜欢美食，想创办一家美食店；有的同学喜欢时装，想开一家时装店。有想法有点子固然重要，但是并不是每个大胆的想法和新异的点子都能转化为创业机会的。创业机会不同于创业想法和创业点子，它具有如下特征：

（1）能够吸引顾客。

（2）能够在商业环境中行得通。

（3）必须有资源（人、财、物、信息、时间）和技能。

（4）必须在机会之窗存在的期间被实施。

总结起来就是创业机会必须具备顾客、路径、资源、有效实施方案。

【案例6-3】

美国牛仔大王李维斯

当时李维斯像许多年轻人一样有一个发财梦，他带着发财梦到美国西部去淘金，途中有一条大河拦住了去路，他就做起了摆渡生意，之后又在矿场做过卖水的生意，再后来他发现工人们跪地采矿磨破了裤子，而矿区有许多丢弃的帆布帐篷，他就把这些废旧的帐篷帆布拆洗好做成了耐磨的牛仔裤，销售给工友们，这样牛仔裤诞生了。

【案例6-4】

包子王小勇

小勇是中职学校电商专业毕业生，他在上学期间经常带些妈妈做的包子到学校给同学们吃，同学们非常喜欢吃他妈妈做的包子，同学们周末也经常到学校周边市场买熟食，不在学校食堂吃饭，小勇和妈妈商量在学校周边租了一间民房蒸起了包子，利用微信平台卖起了包子，生意做得风生水起，吸引了很多学生和老师。

6.1.3.2 影响识别创业机会的因素

对于是什么因素导致一些人更善于识别出有价值的创业机会，不少学者进行过研究，下面是取得共识的四类主要因素：

(1) 创造性思维。创造性是产生新奇或有用创意的过程。从某种程度上讲，机会识别是一个创造过程，是不断反复的创造性思维过程。在听到更多趣闻轶事的基础上，你会很容易看到创造性包含在许多产品、服务和业务的形成过程中。对个人来说，创造过程可分为 5 个阶段，分别是准备、孵化、洞察、评价和阐述。

(2) 社会关系网络。社会关系网络能带来承载创业机会的有价值信息，个人社会关系网络的深度和广度影响着机会识别。研究已经发现，社会关系网络是个体识别创业机会的主要来源，与强关系相比，弱关系更有助于个体识别创业机会。

(3) 先前经验。在特定产业中的先前经验有助于创业者识别出商业机会，这被称为走廊原理。它是指创业者一旦创建企业，他就开始了一段旅程，在这段旅程中，通向创业机会的“走廊”将变得清晰可见。这个原理提供的见解是，某个人一旦投身于某产业创业，这个人将比那些从产业外观察的人，更容易看到产业内的新机会。

(4) 认知因素。有些人认为，创业者有“第六感”，他们能看到别人错过的机会。多数创业者以这种观点看待自己，认为自己比别人更警觉。警觉很大程度上是一种习惯性的技能，拥有某个领域更多知识的人，往往比其他人对该领域内的机会更警觉。

创业者必须具有一定的认知能力，需要读书、学习、做市场调研，在社会实践中发现问题，发现市场窗口。

6.1.3.3 正确判断创业的时机

"时机"代表"机会"的价值与发生的"时间"密切相关。因为时间的机会窗口并不是永远打开的，且具有不确定性。有的创新机会窗口打开的时间很长，有的则非常短。若时机尚未来临，再好的创新构想也很难引发投资者的兴趣；若机会窗口已打开，但打开的时间短暂，则纵然投入在机会打开之际，又有可能还未回收投入资本，市场的利润空间就已经消失了。这就是说，及时把握创新时机窗口打开的时候至关重要。因此，创业者必须掌握正确判断影响创新时机的三个因素：判断创新机会窗口是否拥有足够获利回收的时间长度；判断创业者与投资者自身的价值观，即怎样看待创新机会的问题；判断是否具备配套的资源与专业能力。

当前正是创业的最好时机，我国正处在全面实现小康社会的进程当中，人们的生活方式、需求结构、消费观念发生了较大的变化，许多潜在市场将转变为现实市场，因此机遇很多；我国已经崛起，不断有新技术、新材料、新产品、新管理模式、新观念呈现在人们面前，给创业者提供了更多的思路和启发；国家在政策上对创业持鼓励和支持的态度；社会对创业已形成了正面、积极的认知和舆论；创业所需要的社会配合条件比以前更完备。

6.1.3.4 创业机会的评价

所有的创业行为都来自于绝佳的创业机会，很多创业者在选择创业机会时往往会对自己的创业前景寄予极高的期望，满怀信心。但我们应该认识到，判断创业机会的优劣不能光凭自身的感觉，而要依据一定的标准对创业机会进行合理的评价。也就是说有些时候尽管创业者发现了创业机会，但这并不意味着马上创业就能取得成功。因为创业活动是创业者与创业机会结合的活动，同一个创业机会并不是适合每个人。所以在整个创业过程中，这一评价创业机会的短暂过程是非常重要的。只有那些经过评价后，与创业者的能力相符并能取得市场效益的才是值得去付诸实践的。

（1）创业机会的市场因素评估准则。具有特定的市场定位；适宜的市场规模；强大的市场渗透力；具有一定的市场占有率，一般应为20%以上；合理的产品成本结构。

（2）创业机会的效益因素评估准则。合理的税后净利，应在15%以上；达到损益平衡所需的时间，以两年内为佳；有25%以上的投资回报率；毛利率不低于25%，理想的毛利率是40%。

当创业机会来临时，是否做出创业决定，还要看创业时机是否成熟。通常，我们可以用如下问题来进行判断：

——你是否具有强烈的创业雄心？

——你是否勇于承诺，愿意承担风险，能够吃苦耐劳？

——你是否看到了一个具有潜力的市场机会？

——你是否能提出一个明确可行且能符合市场机会的创业构想？

——你是否能制定出一个能够创造利润的经营模式？

——你是否能够判断产业相关技术与产品发展的方向？

——你是否拥有足以经营管理一个新生企业发展的经验与能力？

——你是否拥有足以带领团队前进的领导与沟通能力？

——你是否拥有能协助企业取得各项必要资源的能力？

名人名言

“只要勤奋，肯去求知，肯去创新，对自己节俭，对别人慷慨，对朋友讲义气，再加上自己的努力，迟早会有所成就，生活无忧。”

——李嘉诚

6.2 创业风险

6.2.1 创业风险的含义

创业风险是指在创业中存在的风险，由于创业有许多不确定性因素，创业机会与创业企业的复杂性，创业者、创业团队与创业投资者的能力与实力的有限性，而导致创业活动偏离预期目标，以至创业失败。

当前，许多大学生、职校生怀抱着美好的憧憬投入到创业大军中来，然而市场的无情把一个又一个年轻的创业者摧垮。据统计，90%的新生创业企业在五年内夭折，剩下10%的企业中也会有90%的企业在10年内破产。创业风险之大，是创业者要考虑的首要问题。请看下面的案例：

【案例6-5】

23岁的小义大学毕业时，和许多大学毕业生一样，跑过招聘会、托过家人找工作。最终小义决定和同学、朋友共同筹资，创办自己的公司。公司成立了，小义信心十足，公司先后招聘了20多名员工，大多数都是在校大学生，他们代理的产品也在不断地拓宽市场。

但是经营公司和上学完全是两码事，短短几天时间，小义就感到了压力，而且当初承诺办理公司注册手续的代理公司在拿了他1万元后杳无音讯，一时资金短缺成了这家刚刚起步公司的绊脚石。

小义拖着疲惫的身体跑学校、跑银行，但是没办成贷款，“原因很简单，现在我没有房子、汽车做抵押，也没公司当担保”。在这个困境中，小义作了一个决定，通知媒体，召开记者招待会让公司“破产”。

思考：

（1）分析讨论小义失败的原因。

（2）你如果是小义你会如何扭转局面。

创业过程中有许多不确定性因素，创业环境、创业者、创业团队的专业知识因素、能力因素、资金因素等等都会影响到创业目标的实现。所以创业是有风险的，有失败，也有成功。

【案例6-6】

小明与妻子想开一家夫妻饭馆。夫妻二人借钱、办执照、雇服务员……一番忙活之后，饭馆终于开张了，小明夫妻也尝到了自己当老板的不容易。

小饭馆价格实惠，雇的师傅也没有让他们失望，开业第一个月，小饭馆很火爆。然而几个月下来，夫妻两人发现，除去每月的门面租金、水电费、卫生费、采买费和员工工资，基本没有什么盈余，甚至比夫妻俩在原来单位的工资收入还差。夫妻二人的预期目标成为泡影。

对于开始创业的夫妻来说，制定科学的财务规划很重要。对风险的认识和承受能力，首先要考虑好。

成功的夫妻档，必定有明确的分工。夫妻创业前，应先确认各自的角色与职责，可以依个人的性格与兴趣规划。刚开始可能会有些忙乱，但只要坚持下来，慢慢就能步入正轨，两人通力合作又各司其职可达事半功倍的效果。

讨论：

（1）小明和妻子夫妻饭馆失败的原因？

（2）如果你是该饭馆的老板，你会如何规避风险？

6.2.2 创业风险的种类

（1）管理风险。创业失败者，有很多是在管理方面出了问题，如决策随意、信息不通、理念不清、患得患失、用人不当、忽视创新、急功近利、盲目跟风、意志薄弱等。当今大学生自主创业的比较多，大学生一般知识比较单一、经验不足、资金实力和心理素质都明显存在不足，这些都会增加在管理上的风险。

（2）资金风险。资金风险在创业初期会一直伴随在创业者的左右。是否有足够的资金创办企业是创业者遇到的第一个问题。企业创办起来后，就必须考虑是否有足够的资金支持企业的日常运作。对于初创企业来说，如果连续几个月入不敷出或者因为其他原因导致企业的现金流中断，都会给企业带来极大的威胁。很多企业会在创办初期因资金紧缺而严重影响业务的拓展，甚至错失商机而不得不关门大吉。大学生作为企业的创立者，在资金来源方面非常有限，需要从不同的渠道筹措资金，这将是一个巨大的挑战。

（3）竞争风险。寻找蓝海（意指未知的市场空间）是创业的良好开端，但并非所有的新创企业都能找到蓝海。更何况，蓝海也只是暂时的，所以，竞争是必然的。如何面对竞争是每个企业都要随时考虑的事，而对新创企业更是如此。如果创业者选择的行业是一个竞争非常激烈的领域，那么在创业之初极有可能受到同行的强烈排挤。因此，考虑好如何应对来自同行的残酷竞争是创业企业生存的必要准备。

（4）团队分歧的风险。现代企业越来越重视团队的力量。创业企业在诞生或成长过程中最主要的力量来源一般都是创业团队，一个优秀的创业团队能使创业企业迅速地发展起来。但与此同时，风险也就蕴含在其中，团队的力量越大，产生的风险也就越大。一旦创业团队的核心成员在某些问题上产生分歧不能达成一致时，极有可能会对企业造成强烈的冲击。

（5）财务风险。对于创业企业而言，有效的财务管理将是影响企业生存及发展的重要因素，而财务风险也是企业不可避免会遇到的。投入的成本估算控制不到位，流动资金监管不规范，企业在融资及投资过程中的资金使用风险。

（6）市场风险。市场是企业的生命力所在，是决定企业生存发展的基础。但与此同时，市场风险也是企业的关键风险之一。

6.2.3 创业风险的应对措施

（1）建立企业风险预警系统。通过风险预警体系详细记录财务风险的发生缘由、解决措施、处理结果等，变事后控制为事前、事中控制，可以起到防患于未然的作用。

（2）提高决策的科学化水平，减少因决策失误而产生的风险。在决策过程中，应充分考虑影响决策的各种因素，尽量采用定量计算及分析方法，并运用科学的决策模型进行决策。对各种可行方案要认真进行分析评价，从中选择最优的决策方案，切忌主观臆断。

（3）加强企业员工的风险意识和防范意识。加强企业员工的风险意识，打破传统的风险与我无关和自我分割管理的思想，建立起全面整体的风险观，在工作中处处时时评估和发现风险，自发地协调和实现团队化风险控制，把风险管理的观念和行动落实到每个人的身上。

（4）加强风险管理机构建设，健全内部控制制度。企业必须建立和完善相应的组织机构，对风险实施及时有效的管理，只有把企业的风险实现组织化运作，才能使企业风险管理得到足够的重视。

我们中职生如果创业，要做好预案，预测创业风险，做好应对措施。

下面一起看看小彭和小李创业成功的案例。请分析小彭和小李是如何规避和克服创业风险的。

【案例 6–7】

小彭和小李从大学三年的“外卖生涯”里面发现了商机，他们创立了“某某外卖网”，一个专门方便本校学生订餐的网站。

一段时间后，小彭和小李因为不满原有的订餐模式，他们决定进行“改革”。小彭介绍说，他们整个学校的外卖订购都是采用电话订购的方式，而电话订餐有很多弊端。“我们是学电商专业的，我们想利用所学电商知识构建一个平台，能将学校所有的外卖都集中在一起而又不用电话订购。”

说做就做，两位同学都是学习软件工程的，整套订餐系统和网站设计都是由他们两个完成。从有这个想法到商业策划再到他们的外卖网正式成立，两人仅用了半个月的时间。

小彭和小李创办的“××外卖网”技术和创意都是自己的，需要支出的成本仅仅是服务器的成本，一年五千多元。

小彭和小李的外卖网站作为一个平台将学生和餐馆联系到一起，学生是客户，餐馆也是客户。

思考：

（1）根据创业风险应对措施，讨论分析小彭和小李创业成功的原因和经验。

（2）你如果是小澎和小李，会比他们做得更好吗？你将怎样做得更好？

思考与练习

一、单选题

（1）创业活动偏离预期目标导致（　　）。

A 创业失败

B 创业成功

C 企业破产

D 企业变革

（2）党的十八大明确提出实施（　　）战略，创新发展成为我们改革的主题。

A 创新驱动发展战略

B 发展战略

C 绿色发展战略

D 和平发展战略

（3）国务院颁布了（　　），时下不管是行业精英还是街头市民，大家都在谈论创业，都在寻找创业机会。

A《大众创业，万众创新》

B《关于大力推进大众创业万众创新若干措施的意见》

C 将改革进行到底

（4）（　　）是创业的基础和出发点，是创业研究的核心领域之一。

A 创新思维

B 创业机会的识别

C 创业准备

D 创业资金

（5）共享单车“摩拜”创始人是（　　）。

A 马化腾

B 戴威

C 胡玮炜

D 李维斯

（6）共享单车“小黄车”创始人是（　　）。

A 马云

B 戴威

C 胡玮炜

D 李维斯

（7）社会关系网络能带来承载创业机会的（　　）。

A 有价值信息

B 个人社会关系网络的信息

C 强关系信息

D 弱关系信息

(8) 创业企业在其诞生或成长过程中最主要的力量来源一般都是（　　）。

A 资金的力量

B 创业团队的力量

C 社会信息的力量

D 创业老板的力量

(9)（　　）是企业的生命力所在，是决定企业生存发展的基础。

A 市场

B 企业

C 老板

D 管理

(10) 一旦创业团队的（　　）成员在某些问题上产生分歧不能达成一致时，极有可能会对企业造成强烈的冲击。

A 主要

B 董事会

C 重点

D 核心

二、多选题

(1) 创业机会是指具有（　　）的商业机会。

A 较强吸引力

B 较为持久的有利于创业

C 创业者据此可以为客户提供有价值的产品或服务

D 能够获取利益和利润

(2) 创业机会的特征包括（　　）。

A 能够吸引顾客

B 能够在商业环境中行得通

C 必须有资源（人、财、物、信息、时间）和技能

D 必须在机会之窗存在的期间被实施

（3）影响识别创业机会的因素有（　　）。

A 创造性思维

B 社会关系网络

C 先前经验

D 认知因素

（4）创业风险的种类有（　　）。

A 管理风险

B 竞争风险

C 资金风险

D 团队意见分歧风险

E 财务风险

（5）对个人来说，创造过程可分为（　　）等阶段。

A 准备阶段

B 孵化阶段

C 洞察阶段

D 评价阶段

E 阐述阶段

三、思考题

（1）什么是创业机会?

（2）创业机会的来源有哪些？

（3）影响识别创业机会的因素有哪些？

（4）创业风险有哪几种？

（5）创业风险的应对措施有哪些？

（6）说出一个创业的想法。

（7）寻找你身边的一个创业者，去和他或她聊聊，看看他或她是通过什么途径发现机会的，然后结合所学的内容思考一下，为什么他或她能够看到机会，他或她看到的又是什么样的机会。

7 创业计划书与创办公司

7.1 创业计划书

在开始学习本章内容前，请大家思考以下问题：

——什么是创业计划书?

——编写创业计划书的目的是什么?

——创业计划书中需要明确哪些内容?

——创业计划书与创业有关系吗?

当我们完成选定创业目标和确定创业动机这两个任务后，在资金、人脉、市场调研等各方面条件也都准备妥当并已经累积了相当实力的前提条件下，就到了要编写一份完善的创业计划书的时候了，一份合理的创业计划书是整个创业过程的灵魂，是决定创业成功与否的关键步骤，在这份计划书中，要详细记载与创业有关的各项内容，包括创业的种类、资金使用规划、阶段性目标、财务预算、营销策略、可能风险评估、内部管理等，在创业的过程中，以上这些是不可或缺的因素。

创业计划书在某些时候除了可以让创业者明确自己的创业目标，坚定创业的信心外，还兼具说服他人的作用，例如，创业者可以凭借着创业计划书说服他人合资或合作经营，甚至有可能募得一笔创业基金。

7.1.1 创业计划书的要素

创业计划书有很多种形式，但不管是哪种，都有一定的规范、一定的章节以及一定不能缺少的内容。概括起来，创业计划书有六个要素。任何时候只要掌握这六个要素，就可以随时检查、随时更正，以免遗漏。

（1）概念（concept）。企业生产的商品或提供的服务。在计划书中，要明确让别人知道卖的是什么，这是创业计划书的首要内容。

【案例 7-1】

某公司在其创业计划书中，表示它提供的是一项服务——倾诉服务。这是针对目前社会压力逐渐加大，人们的心理承受能力有限这一实际情况而提供的一个服务项目。其中明确表示提供的是服务，即卖什么。

（2）顾客（customers）。有了要卖的东西后，接下来就是卖给谁，面对的顾客群体是谁，即商品或服务的市场定位。书写时顾客的范围要尽可能明确具体。

例如，如果案例 7-1 中的公司认为顾客群体是所有女性，那么是五十岁以上的女性，还是学龄前的女童呢？如果创业计划书中只标注出女性，那么就不够明确和具体。

（3）竞争者（competitors）。即经营的商品或服务是否有人经营过？在什么地点？是国内还是国外？有没有其他替代品？

（4）能力（capabilities）。即要经营的商品或服务经营者团队会不会、懂不懂？例如案例 7-1 中所提供的服务是心理咨询的范畴，那么经营者本人是否具有心理咨询师的资格呢？

（5）资本（capital）。资本可以是现金也可以是资产，即可以换成现金或用于经营活动的东西。自有的部分有多少，可以借贷的有多少，要很清楚。

（6）永续经营（continuation）。即未来的规划，当事业蒸蒸日上时，后续的计划是什么？

这六大要素就是创业计划书的 6C 基本结构。

7.1.2 创业计划书应具备的内容

（1）创业的种类。这部分包括创办企业的名称、企业组织形态、创业的项目或主要产品名称等，这是创业最基本的内容。

（2）资金规划。资金即指创业的基金来源，应包括个人与他人出资金额比例、银行贷款比例等，这会影响整个企业的股份分配与红利分配。另外，整个创业计划的资金总额的分配比例，也应该清楚记载，如果希望以创业计划书来申请贷款，应同时说明贷款的具体用途。

（3）阶段目标。阶段目标是指创业后的短期目标、中期目标与长期目标，主要是让创业者明白自己企业发展的可能性与各阶段的目标。

（4）财务预估。详细叙述预估的收入与预估的支出，最好列出企业成立后前三年或前五年内，每一年预估的营业收入与支出费用的明细表，这些预估数字的主要目的，是让创业者确实计算利润，并明了何时能达到收支平衡。

（5）营销策略。了解服务或产品的市场在哪里，销售方式及竞争优势在哪里，主要目的是找出目标市场的定位。

（6）可能风险评估。在创业过程中，创业者可能遭受的风险，例如经济政策变动、竞争对手、客源流失等，这些风险对创业者而言，可能会导致创业失败，因此，可能风险评估是创业计划书中不可缺少的一项。

（7）其他。包括创业的动机、股东名册、预定员工人数、企业组织、管理制度以及未来展望等等。

创业计划书就有如一部具有超强功能的电脑，它可以帮助创业者记录许多创业过程中的相关内容和创业构想，帮助创业者规划成功的蓝图。对创业者或参与创业的伙伴而言，整个营运计划翔实清楚，也能使其达成共识、集中力量，这无疑是帮助创业者走向成功的第一步。

7.1.3 创业计划书的作用

创业计划书属于营运计划的一种，就是“为经营运作等特定活动（无论是商业性还是非商业性）事前所作的通盘性规划”。那么为何要特别强调“书”这个字呢？试问当有人邀请你投资他的事业时，你希望他以随口说随手涂的方式向你说明呢，还是希望他能够先整理一套精美的计划来和你沟通呢？又倘若你想要进行一项活动，是将所要进行的活动与规划都事先写下来并发送给相关单位较好呢，还是抱着“反正东西都在我脑袋中，事前再临时协调安排就好”的游击做法呢？其实，当所运作活动的复杂程度越高且需涉及的金钱越大时，将该活动细节写出来并整理妥当会是个比较可行且可靠的方式。而这就是编写创业计划书的原因了。

创业计划书还有“三防”的作用：

（1）防忘性。人经常会忘记，而写下来是避免忘记的最佳方式。

（2）防躁进。通过收集、整理、分析、比较及输出（撰写）的过程，能让原本初始的创意冲动转变成为较理性可行的创业规划，而这正是计划书所能带来的最大好处。

（3）防浪费。通过对数据的整理比较，在创业过程花费的成本、投入的人力与资源及所可能产生的收益将会陆续浮现。创业者可以根据这些来往如何减少有限资源的浪费、设法提升收入的方向多作思考。

名人名言

今天很残酷，明天更残酷，后天很美好！但很多人都死在明天的晚上，故而只有真正的英雄才能见到后天的太阳。

——马云

7.1.4 创业计划书的编写

我们知道了创业计划书的重要性和必要性，那么如何来编写一份令人满意的创业计划书呢？首先要明确创业计划书针对的对象。是要写给投资者呢，还是要用来申请银行贷款，根据不同的目的，从不同的角度和着眼点来写，计划书的重点也会有所不同。

通常一本创业计划书需要写一页左右的摘要，接下来是创业计划书的具体章节，一般分成十大章。

（1）企业描述。必须明确所要进入的是什么行业，出售什么产品（或服务），主要客户群体是谁。所属产业的生命周期是处于萌芽、成长、成熟还是衰退阶段。还有，企业要用独资还是合伙或公司的形态，打算什么时候开业，营业时间有多长等。

（2）产品和服务。需要描述经营的产品或服务到底是什么，有什么特色，产品跟竞争者相比有什么差异，相对于竞争者的产品或服务竞争力在什么地方。

(3) 市场。首先需要确定目标市场在哪里，目标客户群体是谁。是既有的市场已有的客户，还是新的市场开发新客户。根据不同的市场、不同的客户需要采取不同的营销方式。在确定目标之后，决定怎样上市、促销、定价等，并且做好各项预算。

(4) 地点。一般公司的地点对于经营的影响可能不是很大，但是如果要开店，店面坐落地点的选择就很重要。

(5) 竞争。以下几种情况我们尤其要做好竞争对手的分析：

1) 当我们要创业或进入一个新市场时。

2) 当一个新竞争者进入自己在经营的市场时。

3) 随时随地做竞争分析。

竞争分析可以从五个方向去做：谁是最接近的竞争者（可以列举五个）；他们的业务如何；他们与本业务相似的程度；从他们那里能学到什么；如何做得比他们好。

(6) 管理。中小企业90%以上的失败来自于管理的缺失，其中大约50%是因为管理缺乏竞争力，又没有明确的解决办法。

(7) 人事。要考虑人事需求，并且具体考虑需要引进哪些专业的技术人才、全职还是兼职、薪水如何计算、所需人事成本等。

(8) 财务需求与运用。考虑融资款项的运用、营运资金周转等，并预测未来三年的资产负债表、损益表和现金流量表。

(9) 风险。风险不只是竞争，还可能是进出口汇兑的风险、餐厅火灾的风险等，要注意当风险来时如何应对。

(10) 长远发展。下一步要怎么样，三年后如何，这也是创业计划书所要提及的。企业是要能持续经营的，所以在规划时要能够做到多元化和全球化。

名人名言

不赚钱的公司是不道德的。

——王永庆

7.2 创办公司

公司是指一般以盈利为目的，从事商业经营活动的组织，通常又称为企业或实业，其主要形式为有限责任公司和股份有限公司。两类公司均为法人，投资者可受到有限责任保护。

作为公司，它必须具有四个要素：

（1）它必须是依法设立的，是从事经营活动的法人，其法人资格与经营资格的取得都需要得到国家的承认，符合法律规定的条件，履行法律规定的程序，取得国家有关主管部门核发的营业执照等证件。

（2）公司是以营利为目的的，股东出资组建公司的目的在于通过公司的经营活动获取利润，营利性则成为公司的重要要素，并以此区别于不以营利为目的公益法人、以行政管理为目的的国家机关以及非商业性公司。

（3）公司是以股东的投资行为作为基础设立的，股东投资行为形成的权利是股权。股权是一种独立的特殊权利，不同于经营权等物权、不同于债权。

（4）公司是独立的法人，须有独立的财产作为其从事经营活动的基础和承担民事责任的前提。《中华人民共和国公司法》（以下简称《公司法》）规定，有限责任公司和股份有限公司是企业法人。

创业时，若要成立新公司首先要确定的就是注册资金的额度，根据《公司法》规定，普通的有限责任公司由两人或两人以上组成，注册资金最低为 3 万元，一人有限公司注册资金最低为 10 万元，同时执照上会注明“自然人独资”。而股份有限公司则由二人以上五十人以下股东共同出资设立，股东出资达到法定资本最低限额：以生产经营为主的公司需 50 万元人民币以上；以商品批发为主的公司需 50 万元人民币以上；以商品零售为主的公司需 30 万元人民币以上；科技开发咨询服务公司需 10 万元人民币以上。

下面以成立有限责任公司为例，简要叙述新公司成立的流程。

7.2.1 营业执照的申领

营业执照的流程大致可以分为七个步骤，包括核名、租房、编写公司章程、刻私章、去银行开立公司验资户、办理验资报告以及到工商局注册公司领取营业执照。

（1）核名。可预先提供五个或五个以上的公司名称，以免和已注册过的公司发生重复。核名时可提前准备好全体投资人的身份证复印件和全体投资人的投资额度，以备工商局核名时查看。核名通过后会预先通知公司并核发查名核准单一份，一套章（公司公章、财务章和法人章股东章）以及银行询证函一份。

（2）租房。签订租房合同时，要让房东提供房产证的复印件，并到税务局去买印花税，按年租金的千分之一的税率购买，例如每年房租是1万元，就要买10元钱的印花税，贴在房租合同的首页，以后凡是需要用到房租合同的地方，都需要是贴了印花税的合同复印件。

（3）编写公司章程。可以在工商局网站下载“公司章程”的样本后进行修改，最后需有所有股东的签名。

（4）刻私章。私章是到工商局办营业执照时要用到的，需提前办理好。

（5）去银行开立公司验资户（由本人办理）。待核名通过后，携带相关部门发放的查名核准单、银行询证函、一套章、公司章程、法人代表的私章、身份证和用于验资的钱去银行办理注册资金进账手续，办理完后从银行领取投资人缴款单和对账单。

（6）办理验资报告。携带银行出具的股东缴款单、银行盖章后的询证函，以及公司章程、核名通知、房租合同、房产证复印件，到会计师事务所办理验资报告。验资通过后核发验资报告。

（7）注册公司。到工商局领取公司设立登记的表格，包括设立登记申请表、股东（发起人）名单、董事经理监理情况、法人代表登记表、指定代表或委托代理人登记表。填好后，连同核名通知、公司章程、房租合同、房产证复印件、验资报告一起交给工商局。资料齐全后报工商局审批，通过后核发营业执照正副本和电子营业执照。工商局流程完毕。

需注意，根据工商登记有关规定，公司营业执照经营范围字数一般要求在80个字以内包括标点符号。

7.2.2 开业前的准备

开业前的准备工作可从以下 5 个方面展开：

(1) 刻公章、财务章。凭营业执照到公安局指定的刻章地点，去刻公章、财务章，因为在后面步骤中，均需要用到公章或财务章。

需要指出的是，公章是指机关、团体、企事业单位、社会组织使用的印章；私章是个人的印章的简称，又称名章。

两者区别在于承载的效力不同，法律责任与用途不同：公章承载了机关、团体、企事业单位、社会组织的权力意志、确认力、证明力，对外可代表这些机关、团体、企事业单位、社会组织的表意、行为与证信力。私章只能代表个体行为、表意与印证、验证作用。

还有一种作用力游离与存在于这两者之间的印章，即备案法人代表、机关或组织的首长私人印章，在内部或故知与明确的相关人之间也承载着公章的效力。

(2) 办理企业组织机构代码证。凭营业执照到技术监督局办理组织机构代码证，所需资料由相关部门提供并完成。

(3) 去银行开基本户。凭营业执照、组织机构代码证，去银行开立基本账号。最好是在原来办理验资时的那个银行的同一网点去办理，否则，会多缴纳验资账户费用。开基本户时，需要带好营业执照正本原件、身份证、组织机构代码证、公财章和法人章。开基本户时，还需要购买一个密码器（从 2005 年下半年起，大多数银行都有这个规定），在以后公司开支票、划款时，需要使用密码器来生成密码。

(4) 办理税务登记。领取执照后，30 日内到当地税务局申请领取税务登记证。一般的公司都需要办理两种税务登记证，即国税和地税。办理税务登记证时，必须有一个会计，因为税务局要求提交的资料其中有一项是会计资格证和身份证。

(5) 申请领购发票。如果公司是销售商品的，应该到国税去申请发票；如果公司是服务性质的公司，则到地税申领发票。

思考与练习

一、单选题

(1) 创业计划书的首要内容是（　　）。

A 资金来源

B 卖什么

C 卖给谁

D 竞争者

(2)（　　）是创业计划书“三防”的内容。

A 防忘性

B 防火

C 防激进

D 防水

(3) 下列选项中（　　）不属于创业计划书的作用。

A 让创业者明确自己的创业目标

B 坚定创业者的信心

C 说服他人

D 节省资金

(4) 在创业计划书中，属于对产品和服务描述的内容是（　　）。

A 什么时候开业

B 经营的产品和服务是什么

C 目标市场在哪

D 公司地点在哪

(5) 在创业计划书中，属于对市场描述的内容是（　　）。

A 目标市场在哪

B 公司地点在哪

C 服务过程是什么

D 实践过程是什么

（6）中小企业 90%以上的失败是因为（　　）。

A 股东太多

B 员工太多

C 资金缺乏

D 管理缺失

（7）下列选项中，对风险理解正确的是（　　）。

A 风险就是有人竞争

B 餐厅有火灾的隐患不属于创业风险

C 风险可能是进出口汇兑的风险

C 以上都正确

（8）收集顾客信息、了解顾客需求，对于创办企业（　　）。

A 至关重要

B 无关紧要

C 有时重要，有时不重要

D 没有关系

（9）如果你和朋友合伙投资创业，可选择普通的有限公司，最低注册资金（　　）万元。

A 1

B 2

C 3

D 5

（10）如果只有你一个人作为股东，则选择一人有限公司，最低注册资金(　　)万元。

A 3

B 5

C 8

D 10

二、多选题

（1）下列（　　）属于 6C 的内容。

A 顾客

B 能力

C 资本

D 竞争者

（2）下列（　　）属于创业计划书的内容。

A 资金使用规划

B 可能风险评估

C 永续经营

D 财务预算

（3）创业计划书中的阶段目标包括（　　）。

A 短期目标

B 中期目标

C 长久目标

D 长期目标

（4）创业计划书的基本内容包括（　　）。

A 企业的名称

B 企业的组织形态

C 创业的项目

D 产品名称

（5）在创业计划书中对企业进行描述时，必须明确的内容有（　　）。

A 要进入的是什么行业

B 出售什么产品（或服务）

C 主要客户群体是谁

D 公司的形态

三、思考题

（1）6C 是什么？

____

____

____

____

（2）如何描述摩拜单车的顾客群体？

（3）简述注册公司的步骤。

（4）随着我国经济的发展和人民生活水平的提高，人们越来越关注自身健康的问题，但对于健康的支出主要集中在治疗方面，而没有有效的预防，即对于健康的管理不到位，那么我们可以从健康管理的角度来寻找商机吗？根据给出的情景试着编写一份创业计划书。

8 中职生就业与创业

8.1 全面了解就业与创业

【案例 8-1】

今天你订外卖了吗

过年期间，天津市民刘先生尝试点了一单外卖。不出半小时，一碗热乎乎的牛肉面就由外卖小哥送到了家。

春节期间，大批外卖送餐员坚守岗位，为居民提供不打烊的送餐服务，成为消费市场一个新亮点。

国家《“十三五”促进就业规划》部署的一个重点工作，就是要激发劳动者的就业积极性，摸准经济发展的新方位、新动能来带动就业。

一提到互联网，容易让人联想到程序员、白领、高科技这些关键词，但事实上，作为我国经济发展的一个新动能，与互联网相关的一些新业态，同样也可以提供大量劳动密集型岗位。比如外卖小哥，他们缓解了餐饮业和网络订餐平台的“用工荒”，自己也获得了满意的收入。

数据显示，截至 2016 年 12 月，中国网上订外卖的用户规模达到 2.09 亿人，年增长率 83.7%。网上订外卖用户规模急剧增长，意味着对外卖送餐员的需求量也将大幅增加，网络订餐平台提供的就业岗位将有可观的增长空间。

正是看到新趋势和新需求，国家在《“十三五”促进就业规划》中专门提出，支持发展共享经济下的新型就业模式，并要求加快完善用工、工资支付等相关制度，引导和支持更多劳动者参与共享经济下的就业创业活动。

行业有分工，但工作没有贵贱。互联网平台不仅为普通劳动者提供了稳定的就业机会和收入保障，而且丰富了互联网就业的新模式和新途径。像外卖小哥中有许多是中职毕业生，他们毕业后没有进入工矿企业，而是自己创业，从送外卖开始，成立了自己的外卖公司，实现了从传统就业到自主创业的转变。

8.1.1 就业的含义

就业就是一定年龄阶段内的人们所从事的为获取报酬或经营收入所进行的活动。如果再进一步分析，则需要把就业从三个方面进行界定，即就业条件，指一定的年龄；收入条件，指获得一定的劳动报酬或经营收入；时间条件，即每周工作时间的长度。

在我国，就业人口是指在 16 周岁以上，从事一定社会劳动并获取劳动报酬或经营收入的人员。其中，城镇就业人口是指在城镇地区从事非农业活动的就业人口，包括在国有单位、城镇集体单位、股份合作单位、联营单位、有限责任公司、股份有限公司、私营企业、港澳台投资单位、外商投资单位和个体工商户从业的人员。

8.1.2 就业的特征

不论是哪种形式的就业，就业者都必须要贡献出时间、付出努力，综合起来讲，就业具有以下几个特点：

（1）就业必须出自公民自愿。公民有自主择业、就业权，公民就业要出于本人意愿，不得强迫。

（2）就业的主体具有特定性。就业有年龄的限制，未成人不得就业。

（3）就业必须是一种能够为社会创造财富或有益于社会的劳动。就业要创造价值，符合法律法规，不能为了就业而违背公德，甚至违法犯罪。

（4）就业必须使劳动者获得一定的劳动报酬或经营收入。就业是为了生存，是谋生的手段，是为了获得一定的精神财富和物质财富的回报。

8.1.3 就业的类型

不同的就业动机及风险承受能力，会引导就业者选择不同的就业类型，这种类型上的差别又会进一步决定就业者该选择什么样的应聘策略，所以我们有必要了解一下就业都有哪些类型，它们各自的特点是什么，这样会帮助我们更好地理解和开展就业活动。

（1）录用。和用人单位建立劳动关系或者通过第三方建立劳务关系等。

（2）聘用。与用人单位已签订劳动合同，或用人单位出具接收函，不需要就业报到证，到用人单位工作。

（3）定向。委培毕业生回到原定向、委培单位就业。

（4）升学。包括专科毕业生升本科、毕业生考取研究生、考取第二学士学位（考虑到统计口径的连续性，暂列入就业统计范围）。

（5）境外就业（出国）。出国留学和就业等。

（6）项目就业。参加国家、地方项目就业（选调生、西部计划、三支一扶、村官、党建组织员、预征入伍等）。

（7）自主创业、自主就业等灵活的就业方式就业。

1）自主创业：指创立企业（包括参与创立企业），或是新企业的所有者、管理者，包括个体经营和合伙经营两种类型。

2）自由就业：指以个体劳动为主的一类职业，如作家、自由撰稿人、翻译工作者、中介服务工作者、某些艺术工作者等。

尤其需要指出的是第（7）点，这是我们实现就业理想道路上最困难也是最有成就感的一种就业方式，同时也是最符合中职生追求自主就业心理的就业方式。

8.1.4 创业与就业的关系

在当今市场经济条件下，高校毕业生走向社会有两大职业生涯选择方向，即就业与创业。就业与创业具有本质上的区别，两者的作用和价值具有天壤之别。然而，毕业生们对这两者的本质区别和创业优势的认识并不是很清楚，这使他们的创业意识比较淡漠，创业激情不高，所以，有必要弄清创业与就业的含义。

从定义上来看，创业是指创业者投入一定的资本、智力、精力和时间等去创办属于自己的企业的行为，而就业是一个相对于创业而言的更广泛的概念。就业是指就业者到别人创办的企业或事业单位去找一份相对稳定的工作，通过劳动获得一份工资收入的行为。

从两者的关系来看，创业与就业之间是相互依存的。但是创业是主动的，就业是被动的；创业是就业的前提，就业依赖于创业。没有创业也就没有就业，如果社会上创业的人少了，那么社会上就会出现大量的失业者，也就意味着就业的人少了。

从解决社会就业的角度来看，创业者不但解决了自己的就业问题，而且还提供了解决他人就业的工作岗位，从而能为国家排忧解难，解决就业问题；而就业者只能依靠创业者来解决就业问题，在社会劳动力供大于求的情况下，就业者也就加重了社会就业的负担，所以自主创业意义深远。

从自主权和才华施展的角度看，创业者的自主权大，才华可以得到充分施展。这是因为企业是属于创业者自己的，因此创业者有权对自己的企业进行自主经营管理。在这种条件下，创业者有多大的能耐都可以在企业这个平台上最大限度地施展出来，从而也就能充分地发挥自己的才华。而就业者的自主权也就比较小了，才华的施展往往会受到很大的限制。

名人名言

一个人围着一件事转，最后全世界可能都会围着你转；一个人围着全世界转，最后全世界可能都会抛弃你。

——刘东华

8.2 中职生就业和创业准备

【案例 8-2】

文同画竹

北宋时候，有一个著名的画家，名叫文同，他是画竹子的高手。文同为了画好竹子，不管是春夏秋冬，也不管是刮风下雨，他都常年不断地在竹林子里头钻来钻去。有一次，天空刮起了一阵狂风。接着，电闪雷鸣，眼看着一场暴雨就要来临。人们都纷纷往家跑。可就在这时候，坐在家里的文同，急急忙忙抓过一顶草帽，往头上一扣，直往山上的竹林子里奔去。他刚走出大门，大雨就像用脸盆泼水似地下开了。文同一心要看风雨中的竹子，哪里还顾得上雨急路滑！他撩起袍襟，爬上山坡，奔向竹林。他气喘吁吁地跑进竹林，没顾上抹一下流到脸上的雨水，就两眼一眨不眨地观察起竹子来了。只见竹子在风雨的吹打下，弯腰点头，摇来晃去。文同细心地把竹子受风雨吹打的姿态记在心头。

由于文同长年累月地对竹子作了细微的观察和研究，竹子在春夏秋冬四季的形状有什么变化；在阴晴雨雪天，竹子的颜色、姿势又有什么两样；在强烈的阳光照耀下和在明净的月光映照下，竹子又有什么不同；不同的竹子，又有哪些不同的样子，他都摸得一清二楚，所以画起竹子来，根本用不着画草图。

有个名叫晁补之的人，称赞文同说：文同画竹，早已胸有成竹了。后来，"胸有成竹"就成了一句成语，用来比喻人们在办什么事情以前，早就打好了主意，心里有个准谱儿了。

案例8-2说的是"胸有成竹"的典故。我们都知道成语"胸有成竹"，原指画竹子要在心里有一幅竹子的形象，后比喻做事之前已做好充分准备，对事情的成功已有了十分的把握。这一点对于中职生创业来说十分重要。那么我们该如何准备呢?

8.2.1 就业和创业前准确自我定位

无论是选择传统就业还是自主创业，都需要了解自己适合干什么、能干什么、能干好什么。这就需要在就业或创业前进行自我定位。

8.2.1.1 自我定位的含义

自我定位包括两层含义：一是确定自己是谁，适合做什么工作；二是告诉别人你是谁，你擅长做什么工作。具体有以下几方面的内容：

（1）自己喜欢做什么（主要包括兴趣、价值观等）。

（2）自己适合做什么（主要包括性格、气质、天赋才干、智商情商等）。

（3）自己擅长做什么（主要包括职业能力倾向，比如言语表达、逻辑推理、数字运算等)。

(4) 自己能够做什么(主要包括自己掌握的专业知识、技能和工作经验等)

8.2.1.2 自我定位的方法

要实现准确进行自我定位,主要注意以下几点:

(1) 明确自身优势。首先是明确自己的能力大小,给自己打打分,看看自己的优势和劣势,这就需要进行自我分析。通过对自己的分析,旨在深入了解自身,根据过去的经验选择、推断未来可能的工作方向与机会,从而彻底解决"我能干什么"的问题。对自己的认识分析一定要全面、客观、深刻。

(2) 发现自己的不足,性格的弱点。人无法避免与生俱来的弱点,必须正视,并尽量减少其对自己的影响。卡耐基曾说:"人性的弱点并不可怕,关键要有正确的认识,认真对待,尽量寻找弥补、克服的方法,使自我趋于完善。""人无完人,金无足赤",由于自我经历的不同,环境的局限,每个人都无法避免一些经验上的欠缺,有欠缺并不可怕,怕的是自己还没有认识到或认识到而一味地不懂装懂。正确的态度是认真对待,善于发现,并努力克服和提高。

(3) 明确选择方向。职业方向的选择应按照职业规划的四项基本原则,结合自身实际来确定,即择己所爱原则、择己所长原则、择世所需原则和择己所利原则。

(4) 用长处来经营自己。其实每个人都有自己的长处与短处,"尺有所短,寸有所长",成功人生的诀窍就是经营自己的长处。

(5) 要了解自己和竞争对手、自己和职业要求的差距,不断转变观念,正确树立求职目标,还需要对社会需求环境进行分析,主要包括就业形势,社会需求形势,了解职业(包括职业的工作内容、知识要求、技能要求、经验要求、性格要求、工作环境、工作角色等)。

创业者除了以上个人定位还应该注意以下几点:

(1) 选择一个行业。根据个人所擅长的领域作为首选行业,隔行如隔山,选择一个熟悉的领域是业务进展与未来发展的敲门砖。

(2) 准备好资金。这里要把资金做一下解释,资金分为三部分:用于生产中的资金,流动的资金和备用资金。用于生产中的资金,例如购买办公设备、场地水电的开销、人员开销等,如果没有生产,收入无从而来。流动资金,例如日常的维护费，电脑坏了，打印机需要更换，需要活动经费，一些短期的投资项目等，这部分资金可以保证企业正常运营。最后一部分是备用金，是对前两者的追加和补充，比如生产资金链条断裂，广告投入力度不够，后备资金的充足可以保证一个企业能否度过行业的寒冬，即使生意十分惨淡，也可以维持一年半载。

（3）注册企业。可以到辖区的工商局办理，到银行开一个企业级别的账户等，这些细节创业者可以亲力亲为，也可找代理公司付费办理。

（4）寻找合适的办公场所。寻找办公场所要考虑一些具体的问题，比如要雇佣多少人办公，与其他同类行业比较，占地规模是否合理；还有交通问题，楼下是否有停车位；附近用餐是否方便；安保措施怎么样。总之一句话，如果资金紧张，就要挑选一个性价比高的场所，这个由创业者自己定夺。

（5）招募员工。可以去学校招聘，也可以从网络招聘，或者招聘机构委托等。用人之道很关键，一个人做企业很难，有一个参谋在旁边是最完美的，刘备有诸葛亮，曹操有荀彧，宋江有吴用，因此，一个企业老板也要有一个类似军师的副手，这类人一般不是招聘的，可以是老朋友、知音、智者之类的人物。

（6）培训管理。等企业人员到位之后，进行一定的培训指导、业务技能规范化的要求、组织活动等，这时候企业需要邀请一位培训师，进行定期的业务、技能、心理等方面培训，这样才能将一个团队雏形打造出来。

以上六点的准备还是不够的，如何积累社会人脉，如何为更多人服务，积累更多财富才是每个企业都要思考的问题。企业开业之前，这些问题，创业者都应事先考虑与准备，不过凡事不可能百分百的准备好，十之八九就可以做了，在创业的道路上，能攻能守，逢凶化吉，生存下来，发展下去才是创业的王道。

【案例 8-3】

积极与消极的一个故事

有这样一个真实故事，有两个人外出谋生，一个准备去上海，一个打算去北京。可在火车站等车时，听邻座议论，上海人精明，外地人问路都收费；北京人质朴，见吃不上饭的人，不仅给馒头还送旧衣服。

去上海的人想，还是北京好，挣不到钱也饿不死。

去北京的人想，还是上海好，给人带路都能挣钱，还有什么不能挣钱的呢？我幸亏还没上车，不然真失去了一次致富的机会。他们去退票处退票时正好相遇，于是相互换了票。

去了北京的人发现，北京果然好，他初到北京的一个月，什么都没干，竟没有饿着。不仅可以在银行大厅里白喝纯净水，还经常能在大商场里品尝到免费点心。

到了上海的人发现，上海果然是个可以赚钱的城市。干什么都可以赚钱，带路能赚、开厕所能赚、弄盆凉水让人洗脸也能赚，只要想点办法，再花点力气都可以赚钱。他凭着自己对泥土的熟悉，跑到建筑工地装了10包含有沙子和树叶的土，以“花盆土”的名义，向不识泥土但爱花的上海人兜售。起初每天在城郊间往返6次，净赚了350元钱。一年后，凭“花盆土”他竟然在上海拥有了一间小小的门面。后来，他又有了一个新发现：一些商店楼面靓丽而招牌较脏，一打听，才知道是清洗公司只负责洗楼而不管招牌的结果。他马上抓住这个机会，买了人字梯、水桶和抹布，办起了个小型清洁公司，专门负责擦洗招牌。如今，他的公司已有150多名员工，业务也由上海发展到杭州和南京。

后来，他坐火车去北京考察清洗市场。在北京站，一个捡破烂的人把头伸进软卧车厢，向他要一个啤酒瓶。就在递瓶时，两个人都愣住了，因为5年前他们曾换过一次票。

这两个人的命运，说明了一个人生哲理：人们认识事物的角度不同，就决定了在对待同一问题的抉择方式，而这种观念上的新与旧带来的是两种结果。其实，转变观念对择业也是同样的道理。

8.2.2 就业心理调适

根据人生职业周期，可以将人的职业生涯总括为四个主要阶段，分别为就业准备期、就业早期、就业中期及职业后期，不同的就业求职阶段会遇到不同的问题，有现实的问题、也有心理的问题；现就各阶段不同情况不同对待处理。

（1）就业准备期。随着不断增长的社会就业压力，或许有些学生从刚进入学校的那刻起就已经明确感受到了就业所带来的压力，此时他们便开始为就业做出各种积累——知识、经验、技巧。他们会利用各种机会锻炼自己的能力，比如参加学生组织，利用假期兼职或到企业实习。此阶段学生所面临的问题主要是时常会觉得困惑，不知道自己该学什么，企业需要什么以及怎么获得企业所需要的种种要求技能等。面对就业甚至会感到紧张或恐惧，而此时所需要进行的准备主要为根据自己的性格特征，找出自己的兴趣所在、结合自身的专业知识确定求职意向，在学好专业课程的同时多补充多了解并读一些相关的求职技巧的书，适当降低求职预期。面对激烈的就业竞争形势，可能自己会遭到拒绝，求职者应该确立自己的自信，坚定自己的就业积极性、主动性，越挫越勇。虽然当前创业一直是一个热门词汇，国家在鼓励毕业生自主创业方面也给予了一定的帮助与政策支持，但对待有意创业的初入社会的大学生群体还是应该抱着先就业再创业的心态，在就业的过程中积累资本、经验以及社会关系，为以后的创业奠定坚实的基础，增加成功的几率。

（2）就业早期。早期职业者，刚刚离开象牙塔，满怀憧憬希望自己能够在职场上一展宏图，大干一番，职业热情较高。此时要做的应该是找到自己的位置、独立作出贡献、担负更大的责任并建立理想的生活方式。切忌受困多重目标，做事三心二意。需要指出的是，一个人的能力发展与兴趣有密切的关系。比方说在企业里，一个职工对会计工作有兴趣之后，他就会注意一切有关会计的图书，热情而耐心的参加各种会计的学习实践活动，他的会计能力也就在这些活动中发展起来。因此及时找到自己感兴趣的方向，及时作出职业调整，向自己喜欢并擅长的方向发展也是帮助自己尽早进入职业发展道路的一个快车道。

这一阶段可能会遇到的困难主要有，一是经不住外界的诱惑而偏离自己最初设定的目标道路；二是因为各种原因外界危险信号被放大，引发内心恐惧而吓退自己，不敢放手去做。此时，所做出的心理调整主要为不断调整心态，让自己更快地融入整个组织集体，培养全局观，赢得同事及领导的信任和肯定，积极认真做事，从而肩负更大的责任。如果发现现在的职业并不适合自己，那么就应该及时跳槽作出调整，但是不能以此为借口不停地换工作，这样只能说明自己适应工作融入集体的能力不行。而进入一个人才济济的企业后，自己并不一定就是最优秀的，这时自己应该做到平衡自我感受，不论怎样都不能让消极情绪打败自己，要相信你所付出的努力，你的领导一定可以发现，并学会在适当的时候合适的场合让你的领导发现你，即懂得毛遂自荐，但要懂得展现自己不代表锋芒毕露。

（3）就业中期。进入职业中期，我们经常会提到的一个名词就是天花板效应，即到达职业生涯顶峰时，由于各种内外原因，比如职业倦怠等，而出现的职业停滞现象。如何充分运用自己的专业技能，并且及时更新知识与技能，提高市场应变能力，保持自己的职业竞争优势，以及如何确定自己进一步发展的生长点，谋求新的发展，是这一阶段应该主要思考的一个问题。最忌讳的就是由于员工到达职业中期时，由于不太可能得到职务的晋升或承担更多的责任，而对工作失去往日的热情与激情，不再学习，安于现状。这个时候在职者应及时发现自身问题，调整心态，树立危机意识，寻找差距、及时充电。同时想象自己刚走入工作岗位时意气风发的样子，不断询问自己的职业追求和抱负，通过终身学习逐渐丰富自己的生活，掌握创新技能，主动承担富有挑战性的工作任务，防治技能老化。

（4）就业后期。这一时期的主要特征为进入退休阶段。职业的周期也是与生命的周期相对应的，临近退休，随着年龄的增长，在职者可能多追求稳定，为退休后的生涯作打算，职业方面不再有大的发展或突破。此时后期职业者所应作出的心理调适应为给退休后的生活做出一定的计划，并将在职期间的所有工作认真地完成，放心地交给新来者。慢慢适应退休临近的生活方式，积极为企业贡献出自己的力量，然后好好享受职业后的晚年生活。

8.2.3 创业心理调适

（1）动机积极。我们常常会发现一些人念叨着要开公司、要创业，但实际上，他们并没有创业愿景，这肯定是不够的。最成功的创业者一定有改变世界的激情。那些能够接二连三创业的企业家们，他们都有一种改变世界的激情，并且，他们对公司都有一个清晰的愿景。创建公司的愿望绝不是一个简单的动机，比如想创业，对于有这样企业文化的创业公司来说，很难生存下去的。创业公司需要有远见、有激情，相信自己能够改变世界。

如果没有想法或者激情，那么建议先到一些公司去学习工作一段时间。学习如何指导一个工程师团队，学习如何激励和管理员工，学习如何将一个概念变成实际产品推出。这也是拓展自己社会网络的机会。

（2）有远见。作为一个风险投资者，首要工作就是在企业模式还不清晰的时候去看清它们。从宏观层面上去观察发生的事情，然后选择合适的方向进行投资。优秀的企业家不仅仅能够看到机会，还要有能力在别人还模糊时看清楚市场模式，而机会就在于别人看清楚模式之前。一旦大家都看清楚了，每个人都可以去做。模糊不清有时也是好事，在混乱中，只有伟大的企业才能看清楚未来。

（3）信念坚定。创业之初，想法只是想法，其他的什么都不是。但所有的创始人，要有信念，相信自己的想法是正确的。他们不能对自己的想法存有疑问，否则，追随者也会产生疑问，就无法坚定地追随创始人。

（4）把握细节。细节决定成败。一颗钉子可能导致一场战争的失败，所以要获得成功，就需要提前做好细节层面的功课，需要知道竞争者在做什么、市场有多大、成功之前需要克服的障碍有哪些。问题越仔细越好。

（5）做好表率。并非所有企业家都是伟大的领袖。只会讲战略讲目标的人，一般只是表面上的领导人。优秀的企业领导人一定能起到表率作用。

（6）不与团队争功。成功的创业者需要铭记：你的成功并非“你”的成功，而是团队的成功。找到优秀的人，给他们足够的信任，并承认他们的成功。永远不要与团队争功。

（7）擅长倾听。最成功的创始人往往都能够在关键问题上吸纳别人的建议，然后作出正确的决策。兼听则明，偏听则暗。一个伟大的 CEO 会从不同的角度征求意见，然后处理收集的信息，并作出决策。最关键的是，在很多相关的信息中，挑选出正确的信息，并及时作出决策。还有需要明白的一点是“不作出决策也是他的一种决策”。没有人永远都是正确的，但重要的是要作出决策。如果错了，那就在短时间内尽快解决，然后继续前进。

【案例 8-4】

一只蜘蛛和三个人

雨后，一只蜘蛛艰难地向墙上已经支离破碎的网爬去，由于墙壁潮湿，它爬到一定的高度，就会掉下来，它一次次地向上爬，一次次地又掉下来……第一个人看到了，他叹了一口气，自言自语："我的一生不正如这只蜘蛛吗？忙忙碌碌而无所得。"于是，他日渐消沉。第二个人看到了，他说："这只蜘蛛真愚蠢，为什么不从旁边干燥的地方绕一下爬上去？我以后可不能像它那样愚蠢。"于是，他变得聪明起来。第三个人看到了，他立刻被蜘蛛屡败屡战的精神感动了。于是，他变得坚强起来。

名人名言

创业者书读得不多没有关系，就怕不在社会上读书。

——马云

8.3　中职生就业创新与自主创业

【案例 8-5】

大学生做快递小哥引起争议

现在大学生选择做"快递小哥"，无论是兼职还是全职，都不是什么稀罕之事。"大学生做快递，大材小用，实在太亏了！"大家可能经常听到这样的评论。

由于快递业务快速增长，快递公司对快递员的需求旺盛，为了能留得下快递员，一些快递公司设置了底薪，承诺缴纳各种社会保险，快递员的收入有了明显改观。快递企业纷纷抛出橄榄枝，想尽快充实快递员队伍，满足市场需求，扩大快递业务；与此同时，一些大学生也选择了快递行业，决心从快递员干起，开启自己的职业生涯。

选择快递行业的大学生求职者都有大致的职业规划：有的人是为了先就业，解决大学毕业后的基本生计，把自己安顿下来；有的人是因为看好这个行业，有创业计划，打算先做一段时间"卧底"，为将来创业打好基础。

同时，在校大学生也纷纷兼职“快递小哥”，兼职大学生也是各有目的。有的想挣点小钱，补贴日常，而快递点正好在校园，不耽误学业，就选择了兼职“快递小哥”；有的专业相关者想通过这个窗口，观察市场，实践所学，充实自己；还有大学生通过兼职，进而尝试快递项目的创业。

尽管大部分人所学专业并不对口，但仍有很多大学生乐于选择快递行业。这并不意味着做“快递小哥”就是浪费了自己的专业，恰恰相反，更多的大学生，很好地利用了快递这个行业的特点，他们通过参与快递投送、信息整理等业务，锻炼自己适应社会、和人打交道的能力；同时，也充分利用这个窗口，通过研究快递承载的商业信息，提升自己的专业能力，为将来的职业发展或创业规划做准备。

当前，我国经济发展进入新常态，大众创业、万众创新已成为经济社会发展新引擎，而高校毕业生更是实施创新驱动发展战略和推进大众创业、万众创新的生力军。自主创业就是创新就业的一种方式，既发挥了创业者的主观能动性，又能推进就业方式的创新，意义重大。

8.3.1 就业创新的意义

“双创”对缓解高校毕业生的就业压力，实现个人价值，推动经济提质增效、转型升级能够发挥重要作用。为此，国家从多方面为高校毕业生以及在校学生创新创业提供扶持，如降低创业门槛、鼓励打造创业孵化器、建设众创空间、设立大学生创新创业基金等。同时，互联网与传统产业的深度融合，数字技术对传统制造的渗透改造，以及一些新兴产业、新业态、新技术的持续兴起，也为高校毕业生和在校学生的创新创业提供了极好机遇。

然而现实情况是，虽然高校毕业生自主创业的意愿明显增加，在实践中却面临着诸多困扰。调查显示，半数以上毕业生选择并不熟悉的热门行业或没有市场基础的创业项目，所学专业知识很难发挥作用。又如，市场竞争不公平。创业企业在竞争中往往被“歧视”，在产品或服务质量相当情况下，仅仅由于“出身”问题而难以被政府部门和大型企事业单位认可。再如，政策法律支持不足。初创时企业资源较为匮乏，很难满足政策支持所要求的条件。此外，由于法律法规经验不足，创业企业在申请专利、签订合同时往往容易蒙受损失。

当前，部分高校毕业生正面临着就业难、创业难的困境，政府、社会、学校、企业等各方面都该为他们助一臂之力，支持他们“敢为人先”，走稳走好创业步伐，努力实现青春梦想。

8.3.2 就业创新的社会支持

8.3.2.1 实现创新创业教育对学生全覆盖

高校要以提升学生社会责任感、创新精神、创业意识和创造能力为核心，以改革人才培养模式和课程体系为重点，实现创新创业教育对在校学生全覆盖，融入人才培养全过程。

（1）注重打造知识完整链条。整合教务、就业、产业等资源，充分依托社会培训力量，建立层次分明、平台多样的菜单式创新创业教育课程体系。尤其关注创新意识以及创业实务、试验、能力等重要环节，为在校学生打造从产生创新创业想法到掌握相关实践知识的“闭环”。

（2）注重提供实践引导支持。通过设立引导性学分、选修课程、专业学位等方式，实现一、二课堂有效联动。充分利用校内的教学实验设备和场地，服务学生创新创业项目发展，推动课堂创新向创业实践延伸。

（3）注重探索相关扶持政策。在建立弹性学制、允许在校生休学创业基础上，通过不同课程的设置、考核方式的调整，实现在校学生“在读创业”。如同济大学尝试改革本科工商管理专业的授课方式和考核方法，面向校内招收正在创业的有意愿转专业的学生，让学生实现创业、学业兼得，降低大学生创业的机会成本；推进“学时、学分、学位、学历”和“教师指导创新创业活动工作量”的“四学一量”改革，实现创新创业和人才培养融合；通过投资建设同济创业谷、弥补高校创新创业链条缺失的环节、推动科研成果转化等举措，构建一整套创新创业教育教学体系，激发学生创新创业热情，促进以创新为基础的创业、以创业为导向的创新。

8.3.2.2 政府营造有利于“双创”的市场环境

各级政府应承担更多责任，为高校毕业生创新型创业企业营造良好的市场环境。通过不断完善所需的公共产品和服务，不断清除制约“双创”的障碍，做好创业创新者的“后台服务器”。

（1）引导银行等金融机构对高校毕业生创新型创业企业给予更多关注，开发针对该类企业的金融服务产品，帮助解决初创期“资金难”问题。

（2）鼓励政府、国有企事业单位在采购商品和服务时，适当向高校毕业生创新型创业企业倾斜，帮助解决初创期“销售难”问题。

（3）完善新兴行业法律法规，加强对高校毕业生创新型创业企业的知识产权保护，注重对该类企业的政策和法律实务培训，使其学会用法律保护智力成果。

8.3.2.3 提高扶持政策的协调性和针对性

提高政策的协调性和针对性，在高校毕业生创新型企业的不同发展阶段，实行相应的扶持政策。

（1）在企业创立前，简政放权，降低行业准入门槛，简化资格审查和办理流程。试行将事前审批改为事前备案和事中事后监管，降低企业创立的时间成本。

（2）在企业孵化期，发挥种子基金的引导作用和政策性资金的杠杆效应，引导民间资本参与，推动创新型创业项目发展壮大，扶持创业者顺利度过孵化期。

（3）在企业成长期，政府可采取就业人员落户加分、员工社保补贴等政策，支持企业吸引优秀人才。并且与高校、科技园区联合搭建平台，推进扶持政策真正落地，为青年人创新创业保驾护航。

8.3.3 就业创新的实现

一方面，应届毕业后就业难，已经成为普遍现象。据调查，已经就业的毕业生工资与学子们的期望薪资相距甚远，有的甚至连基本的生活消费也解决不了，很多毕业生无奈低薪就业或干脆成为“啃老族”。而另一方面，我国专业人才缺口增大，企业求贤若渴，2016 年上半年前程无忧上发布 1590 万个职位数，比 2015 同期增加 28.7%，很多高薪职位高悬，无人可用。那么，应届毕业生究竟该如何制定未来的职业发展规划，才能让自已成为人才市场需求的人才，从而实现高薪就业，成就自己的未来呢？

（1）从事新兴行业，选择生命周期长的行业就职。我国目前面临产业转型，传统制造业、低科技含量的建筑业、农业均现低迷景象，而高科技含量的“智慧城市”、“智慧农业”等新兴行业却风生水起，一派繁荣。从事新兴行业，其行业生命周期长，受产业上扬趋势影响，其人才需求也必然呈现井喷式爆发。

（2）掌握最新技术，提升竞争能力和自身价值。各大就业网站的薪资体系说明，行政、人事、助理等普遍需求类职位，即使从业十几年，一般都不容易取得高薪，而技术型人才的薪资往往高出其几倍，且薪资随着资历和经验不断上涨，从事专业技术职位，拥有一技之长是高薪就业的关键。

（3）抢占新兴职位，资历养成先人一步。市场上已有的人才储备，也是影响高薪就业的一个重要因素，即使有高薪职位，如果有众多竞争者的话，应届毕业生也很难取得机会。从事新兴职位，才能有更多的机会。

（4）把握新时代机遇，选择国家支持的科技型产业。我们正处在一个科技高速发展的新时代，伴随着经济形势转型，市场对人才的需求也是不断在变换的。只有选择新兴行业，国家支持的创新型产业，才能为自己的未来寻找到好的发展和目标。

（5）改变传统观念，不拘泥于就业形式。不单单只追求事业单位和公务员等所谓的铁饭碗工作，也不只追求朝九晚五的规律上下班时间，把眼光打开，不拘泥于传统的就业形式。

8.3.4 自主创业助力就业创新

青年是国家和民族的希望，创业是社会进步的灵魂，创业是推动社会发展、改善民生的重要途径。希望广大青年学生把自己的人生追求同国家发展进步，人民伟大实践紧密结合起来，刻苦学习，脚踏实地，锐意进取，在创新创业中展现才华、服务社会。激励更多青年特别是青年学生开启创业理想、开展创业活动，为实现中华民族伟大复兴的“中国梦”贡献力量。全社会都要重视和支持青年创新创业，提供更有利的条件，搭建更广阔的舞台，让广大青年在创新创业中焕发出更加夺目的青春光彩。

那自主创业对于社会就业的贡献有哪些呢？

（1）创业者创办企业可以夯实国民经济的基础。

这一贡献对中国当前和今后的经济发展尤为重要。我国在改革开放的初始阶段，多数人只知道去就业而不知道去创业。这是因为以前在计划经济体制下，创业者是国家，作为个人只能去就业，因此，人们压根儿就没有创业的意识。再加上缺少资本、缺乏技术、不会经营、不懂管理。绝大多数人只知道去就业，不知道或无法去创业。那时，由于中国劳动力多，生产资料少，因此，中国的劳动力想就业都很困难。为解决中国众多劳动力的就业问题，国家力推改革开放，制定各种优惠政策吸引外资到中国来投资开办企业，从而解决了中国大量过剩劳动力的就业问题，进而也促进了中国经济的发展。

（2）创业者创办企业可以解决社会大量的就业问题。创业者创办企业可以解决社会大量的就业问题，从而为国家排忧解难，并为社会稳定做出贡献。以腾讯股份公司为例，腾讯股份公司 1998 年创立时，创业团队仅为 5 人，而现在腾讯股份公司的员工达成千上万人，服务数亿网民。

（3）创业者如能把创新和创业结合起来，就可以起到引领社会发展的作用。创业者如能把创新和创业结合起来，就可以起到引领社会发展的作用，引导人类社会向更高层次发展。例如，比尔盖茨自 1976 年创立微软公司至今，他和他的团队缔造了一个庞大的微软帝国，几乎主导了全球软件业的发展，使得 windows 操作系统走进千家万户，推动了个人电脑业迅速的发展，拉动了互联网蓬勃兴起，从而掀起信息技术革命，进而改变了世界，开创并引领人类社会迈进全新的信息时代。

（4）创业者的抗挫折能力为全社会创新就业提供了精神上的支持。从抗挫折能力的角度看，一般来说，创业者抗挫折的能力比较强，而就业者抗挫折的能力比较弱。由于受到主客观因素变化的影响，人们在职业生涯的过程中，无论是创业还是就业都不可能总是一帆风顺，经受挫折是不可避免的。但是，在抗挫折的能力方面，创业者一般都比就业者更强。这是因为创业者具有不怕风险和挫折的胆量和勇气，以及具有丰富知识和经验的聪慧头脑和不屈不挠的拼搏精神，他们在困难面前敢于勇往直前，绝不退却，千方百计地去寻找摆脱困境的办法，从而渡过难关，最终到达成功的彼岸。全社会受到这种良好风气的带动，可以极大鼓舞全民创业，积极就业，乐观生活，奉献社会的热情，为建设幸福中国注入精神力量。

心灵启迪

扫阳光

有兄弟二人，年龄不过四、五岁，由于卧室的窗户整天都是密闭着，他们认为屋内太阴暗，看见外面灿烂的阳光，觉得十分羡慕。兄弟俩就商量说："我们可以一起把外面的阳光扫一点进来。"于是，兄弟两人拿着扫帚和畚箕，到阳台上去扫阳光。等到他们把畚箕搬到房间里的时候，里面的阳光就没有了。这样一而再再而三地扫了许多次，屋内还是一点阳光都没有。正在厨房忙碌的妈妈看见他们奇怪的举动，问道："你们在做什么？"他们回答说："房间太暗了，我们要扫点阳光进来。"妈妈笑道："只要把窗户打开，阳光自然会进来，何必去扫呢？"

创业过程中，遇到挫折，要微笑，要保持自信，永远阳光。

名人名言

我觉得真的是不缺钱，想法也是满天都是。中国缺的是有一个想法，并且能够持之以恒把这个想法不断坚持做下去的人。

——马云

8.4 中职生的职业规划

【案例 8-6】

冯先生，财经学院工商财务管理专业毕业，本科学历。毕业后曾在一家中外合资企业从事了两年多的财务工作。但冯先生一直觉得自己不喜欢财务工作，于是转而做销售。不久，他发现销售也不好做，自己很难有成功的把握。后来，在朋友介绍下，冯先生又去了一家网站做编辑。但编辑没当多久，冯先生又发现这份工作并不是自己真正想做的职业……

寻寻觅觅中，倍感迷惘的冯先生不知自己的职业生涯该如何规划。

冯先生的案例很典型。工作时间在5年以内的职场人士，常有这样的择业困惑。他们无法确定自己的职业规划，工作中常常感到无所适从，只能频频跳槽。但要解决冯先生的困惑，从操作方法来看却也不困难，只需对下面两个基本问题进行认真思考，就可以得出一个基本的结论。

其一，你的专业是什么？

冯先生的专业是工商财务管理，做财务类的工作无疑是他的第一选择。应该说，冯先生的第一步没有迈错。

在现实生活中，尤其是应届毕业生，在没有其他任何工作经验的前提下，选择本专业的工作是比较明智的选择，因为你所学的专业，可能是你第一次踏入职场时唯一会做的工作。

其二，你想做什么？

受方方面面因素的影响和制约，多数人正在做、可以做的工作，往往并不是自己喜欢做的工作。从职业顾问角度分析，你可以做好这份工作，并不意味着这份工作就适合你。以冯先生为例。当冯先生对自己能做的工作感到厌倦，想要改变自己的职业选择时，他首先要理智考虑的就是：光是知道自己能做什么还不够，还要清醒地认识到，自己究竟想做什么。这个简单的“想做”，包括了个人的因素和社会的因素。个人因素指的是个人的兴趣爱好、适应能力、生活环境等。社会因素指的是，你想做的这个职业社会需求量如何，发展潜力如何，未来的竞争力怎样等。

在这个问题的考虑上，需要咨询者具备相当的阅历和经验，因此最好能在专业人士指导下进行，这样才能对自己的职业生涯进行必要的规划。

思考：你如何设计你的职业生涯？

在这个机遇与挑战并存的时代里，作为中国千千万万毕业生的一员，我们都希望自己的漫漫人生路收获精彩。从学校大门跨入工作岗位正是我们职业生涯的起点，如何做到“人职匹配”是我们每个中职生需要思考的问题，因为它不仅是实现个人理想的捷径，而且避免了社会资源的浪费。我们要提前对自己职业生涯进行理性思考，通过职业规划对自己的一个督促，以此为目标坚持不懈，因为只有虔诚敲门的人，才能看见成功大门的开启。

8.4.1 职业规划概述

职业生涯是指个体职业发展的历程，一般是指一个人终生经历的所有职业发展的整个历程。该历程可划分为不同的阶段，明确每个阶段的特征和任务，做好规划，对更好地从事自己的职业，实现确立的人生目标，非常重要。

8.4.1.1 职业规划的含义

职业规划是指个人发展与组织发展相结合，对决定一个人职业生涯的主客观因素进行分析、总结和测定，确定一个人的事业奋斗目标，并选择实现这一事业目标的职业，编制相应的工作、教育和培训的行动计划，对每一步骤的时间、顺序和方向做出合理的安排。

职业规划的期限，划分为短期规划、中期规划和长期规划。其中短期规划，为两年以内的规划，主要是确定近期目标，规划近期完成的任务；中期规划，一般为两年至五年，规划五年内的目标与任务；长期规划，其规划时间是五年至十年或以上，主要设定较长远的目标。

8.4.1.2 职业规划的特点

一般说来，职业规划具有四大基本特征：

（1）可行性。职业规划必须依据个人及其所处环境的现实来制定，才能成为能够实现和落实的计划方案，而不是没有依据或不着边际的幻想。比如大学生进行职业规划，要考虑所学的专业或今后从事的职业需要的知识和能力。如果所学非所用，或者不具备理想职业所要求的能力，职业规划就不可行。现实中，所学非所用的现象比比皆是，这都是没有进行职业规划或者职业规划失败的结果。

（2）适时性。职业规划是对未来的职业生涯目标和未来职业行动的预测。因此，各项活动的实施及完成时间，都应该有时间和顺序上的安排，以便作为检查行动的依据。

（3）灵活性。规划未来的职业生涯目标与行动，涉及很多不确定因素，因此，规划应有弹性。随着外界环境和自身条件的变化，个人应及时调整自己的职业规划方案，以增加其适应性。

（4）持续性。职业生涯目标是人生追求的重要目标，职业规划应贯穿人生发展的每个阶段，通过不断的调整和持续的职业活动安排，最终实现职业生涯目标。

8.4.1.3 职业规划的依据

（1）选择自己的爱好。兴趣是最好的老师，是成功之母。从事一项自己喜欢的工作，工作本身就能带来一种满足感，职业生涯也会变得妙趣横生。调查表明，兴趣与成功几率有着明显的正相关性。因此，在设计职业生涯时，必须充分考虑自己的特点，珍惜自己的兴趣，选择自己所喜欢的职业。

（2）选择自己的长处。任何职业都要求从业者掌握一定的技能，具备一定的能力。但每个人又不能把所有工作所需的全部技能都掌握。所以，在进行职业选择时，必须择己所长，以发挥自身优势。

（3）选择社会的需要。社会需求是不断变化的，旧的需求不断消失，新的需求不断产生，新的职业也不断产生。所以，在设计职业生涯时，一定要分析社会需求，选择社会所需。最重要的是目光要长远，要能准确预测未来行业或职业的发展方向；所做的选择不仅有社会需求，而且这个需求要适应社会变化。

（4）选择收益的最大化。在现实社会，职业是个人谋生的手段，谋职的目的之一在于追求个人幸福。所以，在设计职业生涯时，首先要考虑自己的预期收益——个人幸福最大化。明智的选择是，在由收入、社会地位、成就感和工作付出等变量组成的函数中，找出一个最大值，这就是规划职业生涯的收益最大化原则。

8.4.1.4 影响个人职业生涯发展的因素

（1）进取心与责任心。进取心是使个体具有目标指向性和适度活力的内部能源，认真而持久的工作是个体事业成功的前提，而具有进取特质的个体也就具有了事业成功的心理基石。责任心强的人常能够审时度势选择适度的目标，并持久地、自信地追求这个目标，责任心强的人容易事业成功。

（2）自信心。自信为个体在逆境中开拓、创新提供了信心和勇气，也为怀疑和批评提供了信心和勇气，自信常常使自己的好梦成真。没有信心的人会变得平庸、怯懦、顺从。喜欢挑战、战胜失败、突破逆境是自信心强的特点。

（3）自我力量感。虽然人的能力存在差别，但只要个体具有中等程度的智力，再加上善于总结经验、教训，善于改进方法和策略，那么，经过主观努力之后，许多事情是能够完成的。因此，可以把成功和失败归因于努力水平的高低和工作方法的优劣。

（4）自我认识和自我调节。了解自己的优势和短处，与组织环境的关系，善于调节自己的生涯规划、学习时间等。

（5）情绪稳定性。稳定的情绪对技术性工作有预测力。冷静、稳定的情绪状态为工作提供了适度的激活水平。焦虑和抑郁会使人无端紧张、烦恼或无力，恐惧和急躁易使人忙中出乱。

（6）社会敏感性。对人际交往的性质和发展趋势有洞察力和预见力，善于把握人际交往间的逻辑关系。行动之前要思考行为的结果，设身处地地想一想他人处境，乐于与人交往，能设身处地体察他人的感受。

（7）社会接纳性。在承认人人有差别和有不足的前提下接纳他人，社会接纳性是建立深厚的个人关系的基础。真诚对他人及他人的言语感兴趣，言语表达时认真倾听并注视对方。

（8）社会影响力。有以正直和公正为基础的说服力，有使他人发展和合作的精神，有一致性和耐力。善于沟通和交流。具有自信心、幽默等对情感的感染力，仔细、镇静、沉着等对行为的影响力，仪表、身姿等对视觉的影响力，忠诚和正直等对道德品德的影响力。

8.4.1.5 职业规划的重要性

（1）职业规划可以发掘自我潜能，增强个人实力。

（2）职业规划可以增强发展的目的性与计划性，提升成功的机会。

（3）职业规划可以提升应对竞争的能力。

8.4.1.6 职业发展规划对中职生成长的作用

职业发展规划对中职生成长的作用可归纳为：认识自我，理性选择；了解社会，主动发展；明确目标，优化行动；突破障碍，开发潜能。

8.4.1.7 中职生职业规划的原则

无论现在或将来从事的职业是什么，对职业要负责这一点切切不可忘记。一定要对自己的职业认真敬业，勇承重担，兢兢业业，恪守职责。切记和谐融洽的人际关系非常重要。要优化交际技能，要善于发现变化并适应变化，要灵活，要善于学习新技术，要摒弃各种错误观念。当考虑某新职业或新产业时，观念一定要更新，以防被错误思维误导；要不断开拓进取、不断开发新技能。

8.4.2 职业规划九件事

从生涯规划、职业探索、职业调研、职业能力等角度来看，中职生为就业一定要做九件事，这九件事都是了解职业、准备就业的核心因素。

（1）定义自己的人生。分别是阶段性人生、事件性人生和角色性人生。

（2）调研目标。无论要做成什么事情、毕业后找到什么工作，都要在树立目标之后马上调研目标。

（3）组建学习圈子。在学校里，一个人是很难坚持的，尤其是枯燥的学习，所以建议学生组建各种学习圈子、兴趣小组，如喜欢文学就建一个文学圈子，喜欢篮球就建立一个篮球队，这样在团体的互动中，可以督促自己坚持，并能一起做很多事情，在这种互助分享中，每个人的进步都是飞速的。

（4）培养一个优势专长。在学校里，每个人不可一业不专，也不可只专一业。每个人都有超越于他人的优势专长，这些都是一个人的独特所在。

（5）目标行业盘点。让学生在校期间或者在毕业三年内就确定往哪一个行业发展是不现实的，一方面隔行如隔山，另一方面，行业发展的决定要有一定的行业实践。

（6）访问过来人。对于学生来说，怎样找实习、找工作，怎样规划人生等问题都是第一次面对，而时间的不可重复性和单向流逝性决定了“过去就不再”。那么，为了避免悲剧的重演，中职生应该更多地请教过来人，尤其是和自己背景相似的过来人。

（7）和企业对话。无论是自己要办公司创业，还是找工作给人打工，都离不开企业，从这个角度来说，了解企业是每个人的必修课。

（8）社会实践。没有参与社会实践的学校是虚假的，现在每一门学科都是要付诸实践的，因为任何一门学科都是对社会和生活有用的。

（9）工作实习。工作实习是学生在工作中检验自己和了解职业的最低要求。

8.4.3 我国职业规划的历史类型

（1）子承父业型。在自然经济中，经济发展落后，信息封闭，家传亲授各种谋生的技艺或手工艺十分普遍，某些行业至今仍是这样。例如，现在社会上还有很多演员世家、教师世家、医生世家、家庭手工业作坊等，甚至有的“青出于蓝而胜于蓝”，但与此同时“子叛父业”的人数也在增加。

（2）服从分配型。在计划经济时代，学生实行“包学费、包分配、包当干部”，因此，包括大学生在内的全体人民服从分配。“一颗红心、多种准备”；“我是一颗螺丝钉，拧在哪里都不放松”；“我是一块砖，天南海北任党搬”的思想十分盛行。大学生的职业规划主要是依靠国家、依靠学校、服从分配。

（3）临阵磨枪型。在计划经济向市场经济转化时期，当“自主择业”到来的时候，学生的职业规划就出现了临阵磨枪型，即临近就业时，接受就业指导教育，临时收集就业信息、临时制定就业决策，匆匆忙忙准备就业资料。

（4）未雨绸缪型。在市场经济中，社会竞争日趋激烈，“预则立，不预则废”，生涯规划显得十分重要，其前提是正确认识自我。因此，客观上要求中职生在上学之前就应当制定符合自身实际情况的职业规划，选择满足社会发展需要和自己有兴趣的专业，上大学以后还要重新认识自我，调整自己的职业规划，并积极做好知识、技能、思想、心理诸方面的准备，努力实施生涯规划。

8.4.4 职业规划的制定与实施

职业规划的制定与实施应遵循五个步骤：

（1）评估自己的长处和短处。

（2）找出职业机会和威胁。

（3）提纲式地列出今后3~5年内的职业目标。

（4）提纲式地列出一份今后3~5年的职业行动计划。

（5）寻求专业帮助。

有了目标，才知道自己要做什么，做到什么程度才算是合格，才能朝着自己设定的方向努力奋斗。没有努力的方向和短期的目标，容易虚度光阴。有了目标，就应该调整好心态，以平和的心态去应对一切挑战。面对压力时，学会适当减压，保持良好的情绪，不要随意低落或兴奋。适时给自己鼓励，一步步按计划来。克服惰性，作计划与总结，切合实际。形势多变，自己要看清形势，及时调整计划。学校里学习是人生的关键阶段，在这个阶段里，我们要认真地把握生活中的每一个“第一次”，让它们成为我未来人生道路的基石，我们要在这个时期内，不断地完善自我，提升自我。在生活中，梦想和现实往往就是一线之差，而行动才是弥补这一差距的纽带。

名人名言

这个世界不是因为你能做什么，而是你该做什么。

——马云

思考与练习

一、单选题

（1）就业的含义就是一定年龄阶段内人们所从事的为获取报酬或经营收入所进行的活动。如果再进一步分析，则需要把就业从三个方面进行界定，下面（　　）不是界定就业的条件。

A 就业条件，指一定的年龄

B 收入条件，指获得一定的劳动报酬或经营收入

C 时间条件，即每周工作时间的长度

D 家庭条件，家庭财产的多少

（2）在我国，就业人口是指在（　　）周岁以上，从事一定社会劳动并获取劳动报酬或经营收入的人员。

A 16

B 17

C 18

D 20

（3）不论是哪种形式的就业，就业者都必须要贡献出时间、付出努力，以下哪个特点不是就业所具有的（　　）。

A 就业必须出自公民自愿

B 就业的主体具有特定性

C 就业必须是一种能够为社会创造财富或有益于社会的劳动

D 就业使劳动者能够获得一定的劳动报酬或经营收入，也可以无偿付出

（4）就业前自我定位有两层含义：一是确定自己是谁，适合做什么工作；二是告诉别人你是谁，你擅长做什么工作。据这两层含义就业定位可以发现（　　）不是包含的内容。

A 自己喜欢做什么（主要包括兴趣、价值观等）

B 自己适合做什么（主要包括性格、气质、天赋才干、智商情商等）

C 自己不擅长做什么（主要包括不擅长职业能力倾向，比如言语表达、逻辑推理、数字运算等方面）

D 自己能够做什么（主要包括自己掌握的专业知识、技能和工作经验等）

（5）根据人生职业周期可以将人的职业生涯总括为四个主要阶段，分别为就业准备期、就业早期、就业中期及（　　）。

A 职业后期

B 职业末期

C 职业反馈期

D 职业黄金期

（6）职业方向的选择应按照职业规划的四项基本原则，结合自身实际来确定，以下不符合四项原则的是（　　）。

A 随心所欲原则

B 择己所长原则

C 择世所需原则

D 择己所利原则

(7)“双创”对缓解高校毕业生的就业压力，实现个人价值，推动经济提质增效、转型升级能够发挥重要作用。双创指的是（　　）。

A 全民创业，万众创新

B 大众创业，大众创新

C 大众创业，万众创新

D 大众创业，万民创新

(8) 职业生涯是指个体职业发展的历程，一般是指一个人（　　）的所有职业发展的整个历程。该历程可划分为不同的阶段，明确每个阶段的特征和任务，做好规划，对更好地从事自己的职业，实现确立的人生目标，非常重要。

A 终生经历

B 半生经历

C 28 年

D 50 年

(9) 职业规划是指（　　）相结合，对决定一个人职业生涯的主客观因素进行分析、总结和测定，确定一个人的事业奋斗目标，并选择实现这一事业目标的职业，编制相应的工作、教育和培训的行动计划，对每一步骤的时间、顺序和方向做出合理的安排。

A 个人发展与组织发展

B 个人发展与社会发展

C 组织发展与个人发展

D 组织发展和社会发展

二、多选题

(1) 就业的意义有（　　）。

A 是民生之本、安国之策

B 是人民群众改善生活的基本前提和基本途径

C 是由社会主义的本质、生产目的和共同富裕的目标决定的

D 是实现国家长治久安的基本保证，也是全面建设小康社会的必然要求

（2）国家从多方面为高校毕业生以及在校学生创新创业提供扶持的具体做法有（　　）。

A 降低创业门槛

B 鼓励打造创业孵化器

C 建设众创空间

D 设立大学生创新创业基金

（3）职业规划的期限，划分为（　　）。

A 短期规划

B 中期规划

C 长期规划

D 中长期规划

（4）职业生涯规划具有的基本特征是（　　）。

A 可行性

B 适时性

C 灵活性

D 持续性

三、思考题

（1）什么是就业？就业的基本要素有哪些？

____

____

____

____

____

____

（2）总结就业和创业的关系。

____

____

____

____

(3) 怎么进行就业的自我定位？与创业的自我定位有什么不同？

(4) 简述怎么进行就业心理调适。

(5) 简述怎么进行创业心理调适。

(6) 什么是就业创新？

（7）怎样实现就业创新？

（8）自主创业对于就业的带动作用有哪些？

（9）你有什么就业的金点子吗？说出来大家交流一下。

（10）制定自己的职业生涯规划。

(11) 你有什么创业想法，写一份创业规划书。

参考文献

[1] 吴晓义. 创业基础理论、案例与实训 [M]. 北京：中国人民大学出版社，2014.

[2] 孙洪义. 创新创业基础 [M]. 北京：机械工业出版社，2016.

[3] 张志，乔辉. 大学生创新创业入门教程 [M]. 北京：人民邮电出版社，2016.

[4] 李立标. 中职生创业创新案例 [M]. 上海：上海交通大学出版社，2013.

[5] 徐昊，付德光. 中职生创业指导 [M]. 北京：中央广播电视大学出版社，2013.

[6] 张敏强. 大学生职业规划与就业指导 [M]. 广州：广东高等教育出版社，2005.

[7] 周文霞. 职业生涯管理 [M]. 上海：复旦大学出版社，2004.

[8] 谢卫民. 中职学生求职指导 [M]. 杭州：浙江教育出版社，2004.

[9] 陈桂芳. 中职学生就业指导 [M]. 北京：机械工业出版社，2016.

[10] 蒋乃平，杜爱玲. 中职教材就业与创业指导 [M]. 北京：北京师范大学出版社，2010.